STÉPHANE HAUTEFEUILLE

DEVENIR INFOPRENEUR

C'EST COMMUNIQUER

PREMIÈRE ÉDITION

INTRODUCTION

Devenir entrepreneur ou infopreneur, c'est communiquer avant tout. Avant même d'établir un plan pour votre projet d'entreprise ou d'infoprenariat, vous allez devoir apprendre quelques notions importantes en communication.

En tant que fondateur de l'assistant virtuel toobizz.com destiné avant tout aux entrepreneurs indépendants, je vous propose de mettre à votre service toute mon expertise dans le domaine de l'infoprenariat.

Ce livre ne se destine pas uniquement aux infopreneurs, mais plus largement à tous les entrepreneurs souhaitant améliorer leur communication au quotidien dans les affaires ou pour les coachs professionnels auprès d'infopreneurs de tous horizons, je tente au grè de mes conseils , conférences ou formations, de vous apporter les clés nécessaires afin de devenir un entrepreneur ou infopreneur à succès dans les mois qui viennent.

Dans cet ebook je vous livre quelques secrets qui vous permettront de mieux appréhender la communication qu'elle soit verbale ou écrite.

Le but ici est de vous rendre à l'aise aussi bien lors de vos présentations en vidéo, lors de vos webinaires en direct, ou encore dans l'écriture de vos pages de ventes par exemple.

Alors vous êtes prêt pour la suite ?

CHAPITRE 1 : COMMUNICATION INTERPERSONNELLE

Définition : La communication est l'action, le fait d'établir une relation avec autrui, de transmettre quelque chose à quelqu'un, à un groupe de taille plus ou moins importante avec ou sans moyens techniques (audio ou vidéo) afin de promouvoir des idées, de diffuser des informations ou de transmettre des décisions.

Ca ? C'est de la Com ! L'infoprenariat aussi donc !

Que n'a-t-on pas entendu cette expression à propos de discours, suggestions, démonstrations de dirigeants politiques, économiques, sociaux. Ce rejet d'un revers de main en dit long sur « l'image de marque » de la communication. Comme si il y avait un monde « vrai » et un monde « virtuel » habillé de communication. « Il y a des choses plus sérieuses à faire que d'apprendre à communiquer ». Peut-être, mais communiquer c'est exister. C'est prouver à l'autre notre présence, à moins que l'on ne désire être un ermite. Tout le monde fait de la « Com » sinon les militaires et les agents de police ne porteraient pas d'uniformes, les avocats, (Avec des effets de manche…) une robe avec une épitoge bordée d'hermine, le concertiste une queue de pie, et le roi bien sûr sa couronne. Vous-même, lecteur de ces lignes, lorsque vous vous êtes rendus à un rendez-vous important, vous vous êtes mis sur votre « trente et un », Les mariages (Comme les croisières d'ailleurs !) sont l'occasion pour les femmes et les jeunes filles de mettre en valeur leurs plus beaux atours. Que dire alors du monde animal dans lequel les paons font la roue ! Les plus sceptiques diront-ils encore que le chien face à eux, exhibant ses crocs fait de la Com ? Même quand on est muet, on communique ! L'espion démasqué qui refuse de parler quand on l'interroge, émet le message suivant « Questionnez-moi, torturez-moi, je ne dirai rien ». Même l'absence est une marque de communication (il communique qu'il refuse d'être là..) !

Un dernier exemple pour nous en convaincre. Tout le monde a eu dans sa vie un professeur qui dès la première minute de son premier cours se manifestait de telle façon qu'on savait que l'année avec lui serait d'un ennui mortel. S'il fallait un argument pour défendre le «Contenant » par rapport au « Contenu », cette image en est bien l'illustration. Autrement dit, on peut avoir un excellent savoir, ou un savoir faire, mais si on ne maitrise pas son savoir être, ou son faire savoir, le discours présentera peu d'intérêt pour l'interlocuteur.

Pour communiquer il faut être deux... ou plusieurs !

Pas toujours ! On peut communiquer avec soi-même. Qui ne s'est pas pris à parler tout seul. Dans ces moments, on reconstruit des scenarii.

Mais on y reviendra plus tard dans l'étude de l'analyse transactionnelle. Dans tous les autres cas de figure, il y a évidemment un émetteur et un récepteur. Tour à tour, l'émetteur devient récepteur et inversement.

1.1.1 LES TYPES DE COMMUNICATION

La communication consommatoire : C'est celle qui est exprimée sans souci de transmission. En plantant un clou, je me suis tapé sur le doigt et j'ai crié "Aie !". Je ne prends pas en compte l'état de l'éventuel récepteur.

La communication incidente : C'est une information parallèle donnée sans que l'on s'en rende compte. Je conduis et m'écarte de ma trajectoire normale car j'aperçois un cageot qui traine sur la route. Le conducteur de la voiture suivante modifiera sa conduite en fonction de mon comportement.

La communication instrumentale : C'est celle qui vise un objectif et un effet déterminé. Dans la rue une personne me demande sa route.

Je lui indique la direction. C'est donc une communication interactive.

De ces trois types de communication nous ne maitrisons qu'une partie que nous voulons transmettre (la communication instrumentale).

1.1.2 COMMUNIQUER ET CONVERSER

Considérons ces deux dialogues :

1er dialogue

Jean : Christian ! Bonjour, je suis heureux de te voir ! Comment vas-tu ? Christian : Bien et toi ? Quelles nouvelles ?

Jean : Rien de neuf ! Tu as vu ? Quel temps ! Christian : Oui et ce n'est pas prêt de s'arrêter !

Jean : Excuse-moi mais j'ai un train à prendre et je ne suis pas à l'heure. Christian : OK ! Je te laisse. A bientôt.

Jean : Au revoir !

2ème dialogue

Jean : Christian ! Bonjour, je suis heureux de te voir ! Comment vas-tu ? Christian : Bien et toi ? Quelles nouvelles ?

Jean : Rien de neuf ! Ah si ! A propos, je dois te consulter pour un appel d'offre qui m'a été remis hier soir.

Christian : En gros, il s'agit de quoi ?

Jean : D'enlèvements de déblais, mais je n'en sais pas plus pour l'instant. Rappelle-moi lundi ou mardi matin. Je serai au bureau.

Excuse-moi mais j'ai un train à prendre et je ne suis à l'heure.

Christian : OK ! Je te laisse. Tu peux compter sur moi. Je t'appelle mardi matin sans faute.

Jean : Merci et à mardi !

Dans les deux cas il y a eu communication. Ce qui diffère le premier du second cas, c'est le fait dans le premier cas qu'il n'y a pas eu de messages subsistants. Il s'agit d'une conversation, un rite en quelque sorte comme le remarque Eric Berne fondateur de l'Analyse Transactionnelle. Si on demande à Jean de relater l'évènement dans le premier cas, il dira : Ah oui ! J'ai rencontré Christian. Et alors ? Rien de spécial, j'avais un train à prendre. On ne s'est rien dit. Dans le deuxième cas, il aurait dit: J'ai rencontré Christian et il doit me rappeler Mardi matin pour l'appel d'offre. Cette notion de message (Il doit me rappeler) est importante dans ce qui va suivre.

1.1.3 COMMUNIQUER EFFICACEMENT

Car l'objectif de la communication est de laisser un message, tout au moins c'est le message que l'on veut faire passer dans ce cours. On pourra ainsi juger de son efficacité. Dans la vie courante on est plus d'une fois confronté à ce genre de situations et il faut faire vite. Prenons un exemple réellement imaginaire : Supposons que le PDG de Renault souhaite visiter toutes les usines, les équipementiers et fournisseurs de son groupe soit un millier de sites durant la première année de son mandat. Ce qui ferait 3 sites par jour ! Il n'aurait pas beaucoup de temps pour prendre des vacances et travailler à d'autres tâches pour lesquelles il est payé! Impossible ! La véritable situation serait plutôt qu'il convoque au cours d'un grand meeting les responsables de toutes les unités et qu'il leur dise à chacun d'entre eux : « Expliquez-moi en cinq minutes qui vous êtes et ce que vous faites ! ». Résumer 10 ha d'usine, 2500 salariés, 400 robots, une production 300 véhicules/jour en 5 minutes, c'est une plaisanterie ! On pourrait parler des salariés, de leur famille, de l'absentéisme, du climat de la région, des fournisseurs qui sont défaillants, on en a pour des heures ! Le problème, c'est qu'il n'y a que 24 heures dans une journée et que notre intérêt personnel s'arrête précisément là où commence celui du voisin. On a tendance à vouloir « étaler » notre science parce qu'elle fait partie de notre patrimoine intellectuel et nous en sommes fier. Mais il faut savoir que tout être humain est naturellement paresseux, et qu'il ne s'intéresse qu'à l'essentiel. L'essentiel, c'est quoi ? Supposons un vendeur en grande surface qui vous propose un aspirateur. Il vous parlera de puissance, de coefficient d'aspiration jamais de normes, de texture du tuyau ou du câble sinon vous prendrez tout de suite vos jambes à votre cou. Ce que vous voulez, c'est une pièce propre avec un outil adapté et dont le prix est cohérent avec ses performances. Alors au diable les travaux des Ingénieurs qui ont planché sur l'ergonomie, la texture, les études de soufflerie, etc.

Un étudiant de l'école des Arts et Métiers avait cité cette remarque : « L'entreprise embauche un ingénieur pour sa réflexion, son analyse et non pour le fait qu'il sache calculer les déformations axiales dans un roulement à billes à contact oblique pour une précontrainte créée par un ressort à raideur variable ». Ne faisons pas preuve d'autisme et soyons à la portée de notre interlocuteur.

1.1.4 L'EMPATHIE

Le processus par lequel un individu contribue à construire un rapport interpersonnel avec quelqu'un d'autre est appelé l'empathie. L'empathie est le processus par lequel nous renvoyons à un individu donné à travers notre réaction, notre gestuelle et notre façon de penser, le comportement même de cet individu. En d'autres termes, nous pénétrons dans la manière de penser d'une tierce personne. S'approprier de l'humeur, des gestes, des expressions faciales qui appartiennent à notre interlocuteur aura également pour effet de régler sa façon d'être. De cette manière nous obtenons que la personne qui nous observe trouve reflété en nous sa propre façon d'être, sa façon de vivre. Tout cela augmentera les chances qu'elle voie en nous un bon interlocuteur, quelqu'un proche de sa façon de penser et de sa façon d'être. Substantiellement, nous pouvons affirmer que l'action d'empathie une tierce personne nous entraînera nécessairement à suivre et à revivre les expériences de cette dernière.

1.1.5 PYRAMIDE DE MASLOW

Selon Abraham Maslow, la satisfaction d'un besoin ne peut être réalisée que si les besoins de niveau inférieur sont eux-mêmes satisfaits. La pyramide de Maslow permet de comprendre la hiérarchie des besoins de l'homme.

Un individu ne peut se sentir en sécurité (niveau 2) si sa première préoccupation est de trouver à boire et à manger (niveau 1). Cette pyramide peut également servir dans l'entreprise: ainsi, la productivité d'un collaborateur (niveau 5) peut être dégradée si celui-ci ne se sent pas intégré dans son équipe de travail (niveau 3) ou tout simplement s'il n'a pas bien dormi ! (niveau 1)

Exemple vécu : Un commercial proposait des encres nouvelles à un Imprimeur dont le bureau jouxtait l'usine. Soudain son client se lève en s'excusant « Je reviens dit-il ». Effectivement 10 minutes plus tard, il réintègre son bureau en s'expliquant : « Je viens d'acquérir une machine à imprimer les listings. Elle ne me rapporte que lorsqu'elle tourne. Comme je n'entendais plus le ronronnement, je suis allé voir. Vous pouvez continuer ». Son niveau de sécurité n'était plus assuré. Il n'était plus question d'envisager une communication avec lui.

Une caractéristique intéressante est aussi de noter ceci : Un individu se souviendra plus longtemps d'une augmentation de situation dans les niveaux élevés que dans les niveaux bas.

Par exemple, on se souvient généralement plus longtemps d'un compliment sur son travail (niveau 4) que d'une augmentation de salaire ou d'un changement de menu à la cantine (niveau 1).

Il existe donc des niveaux dans notre existentiel mais également des motivations, c'est-à-dire, des forces internes qui nous poussent à effectuer telle ou telle action.

1.1.6 LES MOTIVATIONS POUR SATISFAIRE UN BESOIN

Les experts de la vente ont décelé six motivations pour satisfaire nos besoins que l'on retient sous le terme SONCAS. Ces motivations sont :

SÉCURITÉ,

ORGUEIL,

NOUVEAUTÉ,

CONFORT,

ARGENT,

SYMPATHIE.

Certains consultants vont rajouter d'autres motivation (par exemple, E comme environnement ou A comme Avarice). Mais nous nous en tiendrons au schéma traditionnel.

Prenons l'exemple d'un couple dans lequel le Mari souhaite acheter une machine à laver la vaisselle car il en a assez de cette corvée surtout le Dimanche lorsqu'ils reçoivent la famille. (Cela correspond à une motivation de Confort). Mais pour faire accepter son projet par sa femme, il va utiliser un subterfuge qui consistera à lui dire « Ma chérie, comme je te comprends, aussi je souhaite t'acheter une machine à laver la vaisselle pour t'éviter une tâche ingrate. (Cela correspond à une motivation de Sympathie). Ils se rendent ensemble au magasin d'électroménager et se renseignent sur le modèle, sa marque, les garanties (Sécurité), ses performances (Nouveauté), sur les conditions financières, les consommations d'énergie (Argent). Ajoutons que s'ils souhaitent un coloris qui se marie avec les teintes de leur cuisine (Une touche d'orgueil..), on aura fait le tour de toutes les motivations qui nous poussent à prendre une décision Entendons-nous bien, il n'existe pas un Monsieur Sympathie ou un Monsieur Orgueil, ou un Monsieur Confort. Nous sommes tous un peu de chaque mais souvent une motivation est prioritaire par rapport à l'autre. Pour déceler ces motivations chez nos interlocuteurs, voici quelques mots-clés qui nous feront dire : C'est un Monsieur Sympathie, c'est un Monsieur Orgueil etc.

SÉCURITÉ : Conventionnel, Peur, Sûreté, abri, ordre, garantie, tradition, habitude, portes ouvertes, chemins tracés.

ORGUEIL : Amour propre, prétention faire valoir, vanité, complaisance, fierté, mise en valeur, matérialisme, emphatique, grandiloquence, exagération, tape à l'œil, prestige.

NOUVEAUTÉ : actuel, changement, modification, up to date, bouleversement, évolution, innovation, scoop, c'est nouveau, ça vient de sortir, dynamisme.

CONFORT : Commodité, immobilisme, habitudes, sentiers battus, paresse intellectuelle, manque de création et d'imagination, bourgeois, conventionnel, Manque d'efforts.

ARGENT : Avidité, prix, possession, matérialisme, espèces, Euros, Combien ? Finances, gestion.

SYMPATHIE : Haine, sentiments, subjectivité, amour, sensibilité, émotion, drame, trouble, palpitation, agitation, attendrissement, tragédie, deuil joie, rire, touchant, saisissant, décoratif.

Observons que ces motivations vont de pair et tirent en sens contraire :

La sympathie n'a rien à voir avec l'argent. Lorsque l'on offre une bouteille de parfum à sa femme, on ne regarde pas en principe au prix.

La sécurité a peu de points communs avec la nouveauté. Un créateur d'entreprise ne créera pas s'il n'y a pas un minimum de risques.

L'argent et le confort ne font pas bon ménage. Pour obtenir le mieux, il faut développer une énergie que le confort n'exige pas. En bref, n'oublions pas que nous nous situons sur un niveau de satisfaction du besoin et qu'une motivation nous pousse à satisfaire ce besoin. Ces deux critères, le bon communicant doit le déceler.

1.2 LES CANAUX DE LA COMMUNICATION

1.2.1 LE CANAL VERBAL

C'est celui qui vient tout de suite à l'esprit, choix du vocabulaire, structure de la phrase, style oratoire, logique. Chacun a ses mots propres, sa langue, son accent, ses tournures. Si votre interlocuteur a l'accent alsacien, il vaudra mieux aborder le thème de la choucroute plutôt que celui de la galette bretonne. On voit déjà par cet exemple qu'il y a des possibilités de rentrer dans la peau du personnage.

1.2.1.1 LES LIMITES DU VERBAL

« Extrayez moi cette racine carrée sur une table de logarithme (Propos d'un Mathématicien à son dentiste) »

Ce que vous croyez comprendre

Ce que vous voulez comprendre

Il y a au moins neuf possibilités de ne pas s'entendre ! Pourquoi ?

Parce que lorsque je pense, je suis libre et j'ai droit de penser ce que je veux et personne ne peut me l'interdire. Tous les otages et les prisonniers vous le diront : Ils s'évadent par la pensée.

Parce que nous adaptons notre langage en fonction de notre vis-à-vis. Combien de fois avons arrangé notre discours pour que ça passe mieux ! Les médecins le savent bien. Des patients sont plus solides que d'autres et pour la même pathologie, ils ne sont pas prêts de la même manière à en accepter les conséquences.

Parce que les mots n'ont pas la même consistance pour chacun d'entre nous. Si une femme dit à son Mari qui fume 2 paquets de cigarettes par jour, « Tu devrais faire un effort pour cesser de fumer »., pour elle ça veut peut être dire ne plus fumer du tout, et pour lui ça veut peut être dire réduire sa consommation à un paquet par jour.

Parce que les mots n'ont pas la même représentation dans notre cerveau : Entre le bûcheron, l'enfant et le commerçant pépiniériste, l'employé des pompes funèbres, les sentiments vis-à-vis du sapin ne sont pas les mêmes....Passons sur la ménagère qui préfère le sapin synthétique au sapin réel.

Parce que chacun a eu une éducation différente. « Des choses comme ça, ça ne se dit pas » nous dit notre conscience. On remarque ce phénomène dans les hiérarchies où tout finit par s'édulcorer et devenir insignifiant.

Exemple :

Jean à son Chef d'équipe : « Maurice ? je ne peux pas l'encaisser ! »

Le Chef d'équipe à son Contremaître « Maurice et Jean, ça ne colle pas bien entre eux »

Le Contremaître à l'Ingénieur : « Dans l'atelier, il y a des différents entre certaines personnes»

L'Ingénieur au Directeur d'Usine : « Dans l'ensemble, on est satisfait de l'ambiance au sein de l'atelier »

Le Directeur d'usine au Directeur du Groupe : « Sur mon site, je n'ai pas de soucis sur mes unités de production ! »

On comprendra aisément que parfois la direction est déconnectée de la base...

Parce que tout simplement notre interlocuteur « décroche ». Le rapport de l'Université de San Diégo analyse notre voracité vis-à-vis de l'information et du divertissement. En moyenne, la plupart des Américains consomment 11,8 heures d'information par jour, dont plus de 4,5 heures devant un écran - de télévision ou non - à visionner des contenus de type télévisé. L'ordinateur occupe en moyenne deux heures de la journée, devant le téléphone, la radio, la musique et les contenus imprimés. La plupart de ces actions prennent place simultanément, par exemple , lorsqu'une personne parle au téléphone tout en consultant ses e-mails ou en envoyant des SMS et en regardant la télévision.

Automatiquement nous filtrons parce que nous hiérarchisons nos informations. Supposons que le Comptable d'une société établisse le tableau de bord mensuel lorsque l'un de ses collègues crie « Au feu ! Tout le monde doit évacuer ». Le même comptable un autre jour voit rentrer le Responsable du personnel qui lui dit : « A l'occasion, il faudra me donner tes dates de congé pour cet été » Notre comptable va certainement privilégier l'urgent sur l'important ! Et il est possible que l'important il faudra lui rappeler par note de service. Il mettra plus de zèle à évacuer qu'à poser ses congés.

Parce qu'on ne veut pas entendre ou accepter un fait. Sans faire référence aux maladies mentales, on est hostile à toute démonstration par principe. Certains sont favorables au pré-lèvement automatique, alors que d'autres soutiennent mordicus qu'ils préfèrent payer leur facture au fur et à mesure. Si on veut leur faire changer d'avis, ils vous diront, les uns comme les autres non. Et si vous leur demandez pourquoi, en fin de compte, ils vous diront que c'est comme ça par principe. Et les principes, c'est comme le cœur. Ils ont leur raison que la raison ignore.

Parce que nos croyances déforment notre réception de messages : un mathématicien du Collège de France à qui on avait posé la question :

Avez-vous changé d'avis dans votre vie, a répondu : « J'étais membre d'un jury dans une université américaine il y a une vingtaine d'années et j'ai écouté la thèse de deux étudiants qui élaboraient une théorie sur laquelle on pouvait faire des recherches sur le Net à partir

d'algorithmes spécifiques. Je leur ai rétorqué que leur projet était irréalisable dans la mesure où elle faisait appel au traitement de milliards d'octets à la nanoseconde ce qui était mathématiquement impossible. Les deux étudiants en question étaient les fondateurs de Google...

Plus tard, j'ai changé d'avis ».

Parce que c'est vous qui le dites, et que pour certains à priori vous avez toujours raison ou vous avez toujours tort selon que vous soyez adoré ou haï.

1.2.1.2 LIMITER LES LIMITES

Il y a au moins neuf possibilités de ne pas s'entendre !

Donc ça veut dire qu'il y en a certainement plus. Ajoutons à cela que la communication tue la communication ; Plus vous tentez d'expliquer,

moins vous avez de chances de vous faire comprendre et il y a de quoi être découragé. Cessons d'être pessimiste en la matière car malgré tout, tous les jours des hommes communiquent entre eux, parlementent, discutent, marchandent, s'invectivent ou enjolivent leur discours et aboutissent à un accord, se saluent et se quittent par une poignée de mains. Pas de quoi s'inquiéter donc si on respecte quelques règles simples.

Communiquer c'est écouter.

On pense que communiquer c'est échanger. Encore faut-il échanger intelligemment. Nous avons tous rencontré un « casse-pieds », celui qui parle quand vous voudriez qu'il écoute. Pour faire simple, nous dirons que les gens aiment parler d'eux et non des autres parce que notre nature humaine est profondément égoïste. Si quelqu'un vous parle de ses vacances pendant 5 minutes, vous l'écouterez intéressé, pendant 10 minutes, vous l'écouterez poli, pendant 15 minutes, vous l'écouterez légèrement agacé, pendant 30 minutes, vous lui direz que tout cela est fort enthousiasmant mais que vous avez une autre réunion qui vous attend. Communiquer c'est écouter bien sur et rebondir sur ce qui a été évoqué de façon à ce que chacun y retrouve son compte. Un échange dans la communication signifie que les interlocuteurs ont le droit au même temps de parole et de ce fait il y aura respect de l'un vis-à vis de l'autre (je t'écoute donc tu m'écouteras).

Qu'écoute-t-on ?

Tout ce qui nous intéresse bien sûr. C'est ce que l'on appelle l'écoute active. Demander de reformuler un point, préciser, détailler, prendre des notes, revenir sur un thème préalablement abordé. C'est donc cadrer l'entretien comme si on interviewe son interlocuteur. Ajoutons à cela que lorsque l'on agit de cette manière, on flatte l'égo de son interlocuteur. Les personnes âgées qui souffrent de solitude posent des questions anodines du style « Quelle heure est-il ? » ou « Monsieur, pouvez-vous m'aider à traverser ? ». Bien souvent, ils connaissent l'heure ou peuvent traverser seul. Ils souhaitent simplement qu'on s'adresse à eux. « Je n'ai pas été écouté !! », « Tu n'entends pas ce que je dis » sont des expressions qui veulent dire en fait « J'ai de l'importance, considère-moi ».

Et pour nous, quel intérêt d'agir de la sorte sinon pour découvrir la personnalité de notre interlocuteur. Dis-moi qui tu es et je te dirai ce qu'il te faut.

Si on écoute de façon active son interlocuteur, on aura résolu une grande partie de la non-communication ou de l'anti-communication.

L'adage qui consiste à penser que le bon vendeur c'est celui qui a de la « tchatche » est faux, parce ce vendeur par définition n'écoute rien.

En fait, il vend en saturant son client qui signe pour avoir la paix (Motivation de confort).

QUELQUES TYPES DE QUESTION

Questions fermées : elles risquent de n'obtenir que des réponses sans développement.

Q. : « Etes-vous d'accord ? »

R.: « Oui, non, peut-être... »

Questions ouvertes : elles obtiennent des réponses plus explicatives et développées.

Q. : « Pourquoi ? Que pensez-vous de... »

R.: « Parce que je pense que..., en faisant une démarche qui... »

Questions alternatives : elles donnent un choix. Ce choix est dirigé, puisqu'il ne propose que deux possibilités. Ce type de question entre dans les sondages directifs et les recadrages.

Q. : « Préférez-vous un rendez-vous lundi ou mardi ? »

Questions relais : elles renvoient à une autre personne que celle qui a posé la question. Elles font participer l'autre.

Q. : « Un tel, comment répondriez-vous à cette question ? »

Questions miroir : elles renvoient à l'envoyeur ou au groupe. Elles évitent la réponse. Cette forme de manipulation est souvent repérable.

Q.: « Et vous-même, qu'en pensez-vous ? »

A ce propos, une question posée n'est jamais neutre. Supposez qu'une de vos relations souhaite que vous le rameniez en centre ville en voiture. Spontanément, il ne vous le demandera pas de cette façon. Il vous dira plutôt « Où allez-vous ? » et vous répondrez : « Je rentre chez moi ! Pourquoi me posez-vous cette question ? », « Parce que je voudrais aller en centre ville ». Une question décèle une intention cachée par celui qui la pose. Elle sous-entend la réponse attendue que son interlocuteur formulera.

Question écho : elles réitèrent une partie de la question et la renvoient. Bien utilisées, elles fonctionnent parfaitement pour que l'autre s'exprime sur sa propre question.

Q. : « Je crois que cela est impossible. »

R. : « Impossible ? »

Privilégiez les questions ouvertes sur les questions fermées. **Attention aux questions pièges.**

Exemple :

Q : « Je vois dans votre cursus que vous avez arrêté vos études très tôt »

Dans ce style de questions le piégeur et le piégé ne sont pas là où ils se croient. Dans la tête, on se fait des scénarios : « Il va penser que j'étais un cancre, que je n'ai pas été un bon élève, que j'ai chahuté etc... Ne pensez pas pour les autres et répondez comme s'ils établissaient un fait. Nous verrons plus loin dans les transactions cachées, comment détourner cette difficulté.

R : « Cela est exact ! J'ai arrêté à l'âge de 16 ans. (sous-entendu, « c'était quoi au fait votre question »).

La difficulté du Pourquoi

Les questions « qui », « quoi », quand », « où », « pourquoi » et « comment » constituent les armes essentielles du journaliste. Pourtant, ce n'est qu'en découvrant les niveaux logiques de la PNL que j'ai commencé à saisir pourquoi certaines questions restent sans réponse, voire déclenchent l'hostilité, tandis que d'autres sont accueillies chaleureusement. Lorsque vous voulez savoir quelque chose sur un sujet, préparez les niveaux logiques. Commencez par l'environnement, les questions, « où », « quand » et « avec qui ». Il s'agit de questions qui apportent des réponses factuelles. Passez ensuite aux questions « quoi » et « comment ». Laissez la question « pourquoi » pour la fin. Il est bien plus difficile de répondre à la question « pourquoi avez-vous fait ça ? », qui fonce tête baissée dans le royaume des croyances, qu'à la question « comment vous y êtes-vous pris ? », qui correspond à une approche plus en douceur, ou même qu'à la question « comment cela s'est-il produit ? », laquelle dissocie la personne de l'interrogation.

1.2.2 LE CANAL NON-VERBAL OU CORPOREL

Ce sont les apparences externes (habits, symbole d'appartenance, coiffure, parfum), mimique, gestuel, position du corps. A ce titre, nous pouvons expliquer ce que veut dire « Etre bien dans sa peau ». Il faut se sentir cohérent avec soi-même. Pour illustrer notre propos, prenons le sketch de Jean Yanne qui avait écrit le dialogue suivant :

Deux camionneurs, Bébert et Frédo écoutent la radio Radio : Et maintenant, amis routiers, un peu de musique.

Nous allons écouter le premier mouvement du quatuor numéro six en si bémol majeur opus 18 de Ludwig van Beethoven.

Bébert : la la la..sol la...sol la...la la...

Tu diras, ce que tu veux, Frédo, mais dans cet allégro de Beethoven, eh, bien on sent encore vachement, l'influence de Mozart!

Frédo : Faut dire que c'est la période charnière de l'évolution beethovénienne, etc.

Évidemment, cela fait sourire du fait des incongruités de la situation. Nous avons été formatés pour que nos aprioris prennent le dessus. «

L'habit ne fait pas le moine » dit-on. Erreur ! Mettez une blouse blanche dans un hôpital et on vous appellera « Docteur » (Expérience vécue).

On ne verrait pas le juge de la même façon s'il était en pull jean, ou si le magasinier était en costume cravate.

Une bonne communication tient à la règle des 3 fois 20 :

- 20 premiers mots prononcés,

- 20 premières secondes de l'entretien,

- 20 premiers centimètres du visage.

Le langage non verbal permet la communication entre personnes de langues différentes : le rire et l'expression de la douleur sont les expressions non verbales les plus universelles.

Mais il n'est pas universel : la culture, la religion, par exemple modifient la signification : au Tibet, c'est en tirant la langue qu'on avait coutume de saluer l'hôte ou l'étranger de passage.

Le paralangage, c'est communiquer sans parler, il concerne notre apparence, nos gestes, nos expressions du visage (les mimiques).

L'apparence : c'est l'allure générale d'un individu: le vêtement, la coiffure, les accessoires. Le choix des vêtements se fait généralement en fonction de l'âge, de la morphologie et de la situation professionnelle.

Par le choix de notre tenue, nous voulons donner une certaine image de nous-mêmes. Il faut rappeler les trois types d'images :

Image projetée : image de soi ;

Image souhaitée : celle que l'on aimerait donner ;

Image reçue : celle qui est perçue par les autres.

La gestuelle : c'est un véritable paralangage qui accompagne le message verbal, le complète. Savoir le décoder, c'est favoriser la communication.

On connaît l'expression « garder ses distances ». Chacun d'entre nous marque ses distances en parlant à l'autre. On distingue quatre zones de communication :

Zone intime (15 à 45 cm), ton de la confidence ;

Zone personnelle (entre 45 et 1,20 m), relations professionnelles, voire amicales zone sociale (1,20 à 3,50 m), marque la fonction de chacun ;

Zone publique (> 3,50 m), face à un public.

La gestuelle se manifeste par des postures ; celles-ci concernent la tête, le buste, le bassin, les jambes et les bras. Par nos gestes, nous nous exprimons et nous pouvons avoir un comportement de défense. Si, par exemple, nous sommes mis directement en cause, interpellés, nous avons alors des gestes barrières.

Parmi les plus courants :

Les mains sur les oreilles,

Les bras croisés,

Se frotter les mains,

Les formes de réajustement : la mèche des cheveux, le pli d'un pantalon, d'une jupe, la poussière imaginaire, le raclement de la gorge...

On communique également à travers des signes conventionnels :

Le doigt pointé vers la porte signifie « sortez ! » ;

Le signe de la main pour dire « au revoir » le hochement de la tête pour dire « oui » ;

Le battement de mains (applaudissement) pour montrer notre satisfaction devant une manifestation.

Les mimiques : c'est l'ensemble des expressions de visage. On peut relever les expressions des émotions : la joie, la surprise, le dégoût, la tristesse, la colère, la peur.

Il est intéressant également de présenter un aspect particulier de la mimique faciale : ils sont appelés les modificateurs (ou langage des regards) : ils changent, en effet, la signification dans toute communication.

Le clin d'œil : il indique que ce qui est dit ne doit pas être pris au sérieux,

Le regard soutenu : intention hostile,

Le regard panoramique : comme son nom l'indique, il parcourt lentement tous les interlocuteurs - (implication de tous dans un message apparemment individuel),

La position du corps, notamment celle des bras et des jambes a son importance ; Quelqu'un, mal à l'aise, se balance d'un pied sur l'autre et donc est en constant déséquilibre. Quelqu'un qui croise ses bras, surtout si il les serre très fort passera pour un intraverti. Par contre quelqu'un qui croise les bras, l'œil sévère et les deux jambes légèrement écartées affichera son caractère dominant. (Souvenons-nous du surveillant à l'école).

Les rituels

Il s'agit de pratiques sociales habituelles, que l'on relève dans des situations courantes. On distingue le plus souvent les rituels de salutation, de séparation, de remerciements et de présentation.

Ces rituels sont différents selon les cultures. Il existe, par exemple, différentes façons de se dire bonjour : en se serrant la main, en s'embrassant, en s'inclinant… Ce rituel de salutation varie selon les pays, et aussi selon les milieux (famille, entreprise…).

Communiquer efficacement nécessite de connaître ces rituels afin de comprendre le comportement de nos interlocuteurs et aussi de les prendre en compte afin de ne pas les heurter.

1.2.3 LE PARAVERBAL

C'est le mode de langage (accent, timbre de voix, volume, mélodie, rythme, etc.).

Les comédiens vous diront qu'une bonne voix devra rester dans le medium, Prononcez un A (Voix grave) et un I (Voix aigue). Le médium se situe entre ces deux fréquences. Ayez du rythme ce qui veut dire modifiez votre rythme. « L'ennui naquit de l'uniformité ». Faites de même pour l'intensité. Une voix douce exprime une confidence, une voix forte, un appel, un ordre, une volonté. Jouez avec cette palette, vecteur de vos émotions. Faites des exercices du style :

Dis-moi gros gras grand grain d'orge,

Quand te dégros gras grand grain d'orgeras-tu ?

Je me dégros grand grain d'orgerai

Quand tous les gros gras grands grains d'orge se dégros gras grand grain d'orgeront.

L'élocution, l'articulation, le style ont une importance telle que nous pouvons dire que l'Homme qui a le pouvoir des mots a le pouvoir tout court. Autant dire que les chefs d'Etat savent en user et abuser.

Albert Mehrabian (1971) à montré que l'impact et le sens du message résident le plus souvent dans le non verbal. Dans plusieurs études il montrait que le sens un message pouvait être attribué pour 90 % à la communication para verbale (ton, hauteur de voix, rythme des mots) et non verbale.

C'est assez décourageant pour celui qui a planché sur son discours pendant des heures alors que le public ne retiendra que son bégaiement, un lapsus malheureux ou la nécessité d'un peigne pour sa coiffure !

1.3 ARGUMENTATION OU SÉDUCTION ?

Communiquer, c'est convaincre, argumenter ou séduire. Or pour convaincre quelqu'un, le moyen le plus simple c'est qu'au départ il soit convaincu. La Palissade pas si évidente que cela. L'idée est la suivante. Nous avons vu précédemment qu'une bonne communication passait par une écoute active. En fait si on réalise une bonne découverte, on n'aura pas de difficultés à convaincre notre interlocuteur. « Dis moi qui tu es, je te proposerai ce que tu veux ». Nous connaissons en principe son niveau de satisfaction de besoins (pyramide Maslow), et ses motivations (SONCAS).

L'argumentation participe toujours de la même logique : Il faut être Écouté, Compris, Accepté, Contrôlé.

Prenons un exemple :

Un manager s'adresse à son assistant et lui dit : Je te laisse ton vendredi après-midi. Mais bien entendu tu restes ce soir jusque 20 Heures.

Comme ça tu pourras vivre un week-end prolongé avec ton épouse. Qu'en penses-tu ?

Pour être écouté, il faut capter l'attention. (Je te laisse ton vendredi après-midi). C'est le Hooking (Le Hameçon) comme disent les américains. Avec une proposition pareille, le manager a attiré l'attention de son assistant. Les journalistes font la Une avec des gros titres.

Les publicitaires le savent bien également « Ce téléphone pour vous pour 1€ » inscrit en caractère police 40 sur une page d'un magazine. »

Pour être compris, il faut en apporter la preuve ou la contrepartie pour justifier l'intérêt de la proposition (bien entendu tu restes ce soir jusque 20 Heures.). C'est parce que tu restes ce soir que tu pourras partir vendredi après-midi. Pour les publicitaires, l'explication en bas de page est écrite en police 8 « Sous réserve.... ».

Pour être accepté, il faut faire désirer : "tu pourras vivre un week-end prolongé avec ton épouse". C'est la conséquence de la première proposition.

Pour être contrôlé, il suffit de poser la question « Qu'en penses-tu ? ».

Les applications sont nombreuses : une vente bien sur mais aussi une lettre de motivation, une proposition de sortie au cinéma, le choix d'un menu au restaurant, les vacances à la montagne ou à la mer etc.

Ce processus s'appelle AIDA (Attention Intérêt Désir Action)

Que faire	Dans quel but	Comment
Attirer l'Attention	Etre écouté	Citer un avantage
Susciter l'Intérêt	Etre compris	Citer la preuve ou la contrepartie
Provoquer le Désir	Etre accepté	En en tirant la conséquence pour lui
Contrôler- Agir	Obtenir une réponse favorable	Poser la question sur son avis

En bref, l'important est de noter que pour capter l'attention, il faut toujours proposer la carotte avant le coup de bâton. La plupart d'entre nous ont entendu cette phrase « Si tu as ton Bac, je te paye ton permis de conduire ». Vous direz à vos enfants « Je te paye ton permis de conduire ! Bien entendu tu as ton Bac ! ». Ça veut dire exactement la même chose mais le message passera sans doute mieux !

Repensez au manager qui dirait à son assistant : « A propos, il faut que tu restes ce soir jusque 20 heures pour terminer le travail. Bon d'accord, tu prendras ton Vendredi après midi».

Est-ce plus convaincant ?

Et si votre interlocuteur dit non !

On a magnifiquement argumenté et notre conviction a été contagieuse, jusqu'au moment où on nous dit « oui, mais », ce qui veut dire en fait « non car ».

Pas de soucis ! C'est normal au moins pour deux raisons :

La première, c'est que si il est totalement convaincu, il y a de grandes chances pour qui l'ait été dès le début, et on n'avait pas de raisons majeures pour argumenter avec lui.

La deuxième, dans le cas contraire, c'est que bien souvent il veut se rassurer même si les arguments lui paraissent solides.

Par principe, l'homme veut limiter ses angoisses par un « Oui mais ». Il attend le petit plus qui va le faire basculer en votre faveur. Dans ce cas une question ouverte du style « Y a-t-il un point sur lequel je n'ai pas été clair » ou « Qu'est-ce qui vous retient » réenclenchera une nouvelle découverte qui aboutira sur une argumentation etc.

En résumé : Les principes classiques de la communication sont basés sur des phases qui défilent en boucle : Découverte argumentation, découverte argumentation etc.

Apprenons à nous connaitre et nous arriverons à un accord. Depuis la poignée de main de salutation jusque celle du départ, les deux interlocuteurs d'une communication, négociation (Car il faut aboutir à un résultat sinon on converse gentiment) s'échangent réciproquement leur propre découverte et leur propre argumentation.

CONCLUSION

Les vendeurs concluent leur argumentation par la signature d'un contrat. En communication, il est utile de conclure car nous défendons l'idée que sans elle la communication n'est qu'une aimable conversation de salon. Et on conclut sur quoi ! Sur tout ce qui amène l'une et l'autre partie à un accord : une prise de rendez-vous, un essai, une décision, une réalisation de projet... Tout ce qui peut être considéré comme une action. C'est une phase délicate parce que notre éducation ou tout simplement notre peur nous empêche parfois de prendre des décisions.

Et pourquoi a-t-on peur ? Parce que notre subconscient nous interdit certaines choses. C'est la raison pour laquelle on va s'intéresser dès à présent à certaines théories de communication. Elles traitent directement de notre façon de penser, de nos interdits, nos peurs, nos inhibitions.

1.4 LA COMMUNICATION ÉCRITE

Nous évoquerons ci-dessous une étude qui a été réalisée aux États-Unis et qui démontre qu'un texte écrit en charabia a plus de valeurs aux yeux d'Universitaires qu'un texte réécrit de façon claire, alors que ce dernier est plus difficile à rédiger.

Vers la fin des années soixante-dix, J. Scott Armstrong, professeur de marketing, voulait vérifier si une telle duperie (celle qui consiste donc à épater un public à l'aide de propos abusifs, d'illogismes, d'affirmations contradictoires et de néologismes nappés d'une sauce pédante) était possible par écrit. Armstrong demanda d'abord à vingt professeurs en administration d'évaluer le prestige académique de dix revues d'administration. Ces revues possédaient différents degrés de lisibilité, établis d'après le bien connu Flesch Reading Ease Test. Comme vous vous en doutez, la revue la plus valorisée était la plus difficile à lire ; la revue la moins valorisée était la plus facile à lire ».

Armstrong se demanda donc si les revues les plus valorisées ne l'étaient pas parce qu'elles utilisaient quand même des notions plus complexes, donc supérieures. Il testa cette éventualité « en choisissant des extraits dans des revues d'administration, puis en les récrivant pour les rendre plus lisibles sans en changer le contenu. Armstrong élimina les mots superflus. Il remplaça les mots difficiles par des mots faciles et il sectionna les longues phrases en plusieurs phrases courtes ».

Une phrase se lisait originellement : « Ce document conclut que, pour accroître la probabilité de garder un client en file, le fournisseur de service devrait entreprendre d'altérer l'estimé subjectif initial du client au sujet du temps de service moyen, afin de lui donner l'impression qu'il est restreint, ou entreprendre de convaincre le client que la valeur temporelle du service à obtenir est importante ».

Le même texte, récrit, devenait : « Vous pouvez plus facilement garder un client dans une file si vous pouvez le persuader qu'il n'aura pas à attendre longtemps ou qu'il obtiendra suffisamment d'avantages pour son attente ».

Armstrong traita ainsi quatre extraits de plusieurs pages. Pour chaque extrait, il disposait d'une version facile et d'une version difficile à lire.

Il demanda à un autre groupe de trente-deux professeurs en administration d'évaluer sur une échelle allant de un à sept « la compétence de la recherche présentée. Les professeurs ne connaissaient pas les noms des revues et des auteurs. A nouveau, les professeurs valorisèrent les versions difficiles par rapport aux versions faciles ».

Autant dire – et c'est nous qui le disons – que les professeurs encouragent l'usage du charabia. A quoi tient ce comportement pseudo aristocratique ? C'est que, poursuit le rapport américain, « en complexifiant, en « herméneutisant » une communication, nous la rendons plus difficilement falsifiable et nous augmentons son pouvoir de mythification ».

En quoi, là encore, nous ne sommes pas d'accord, car il est plus facile de faire un texte pseudo-scientifique en sabir que de l'écrire clairement. Un texte clair demande un effort de la part du rédacteur – qui, en plus, ne pourra s'en acquitter que s'il maîtrise parfaitement son sujet, alors qu'on noie plus facilement dans le charabia une ignorance partielle, voire totale – et son contenu est beaucoup plus rapidement vérifiable. Mais enfin, c'est un long débat que nous abrégerons ici.

Il nous rappelle en tout cas le conseil que Paul Souday, directeur du Temps, avant la guerre, donnait à ses rédacteurs : « Faites emm... ! »

Ça faisait sérieux...

Science et Vie, mars 1989.

La simplicité n'est pas sérieuse... C'est encore une grande croyance que nous évoquerons lors de l'étude transactionnelle.

1.4.1 COMMUNICATION ÉCRITE ET IMAGE

La communication écrite n'est pas uniquement formée de caractères écrits. Il peut y avoir des images qui illustrent les propos. Nous ne rentrerons pas dans le détail des impacts de l'image. Libre au lecteur de donner son interprétation.

CHAPITRE 2 : LES MÉTHODES DE COMMUNICATION INTERPERSONNELLE

2.1 L'ANALYSE TRANSACTIONNELLE (AT)

Définition

L'analyse transactionnelle (aussi appelée AT) est une théorie de la personnalité et de la communication. Cette théorie a été fondée par Éric Berne, médecin psychiatre américain, dans les années 1950 à 1970.

Qui l'utilise ?

Les Psychiatres bien sûr, mais aussi les Enseignants, les professionnels de la Santé, les Commerciaux et à titre particulier ou professionnel les personnes intéressées par cette théorie.

A quoi ça sert ?

Nous avons une personnalité qui nous est propre. Bien souvent nous n'arrivons pas à l'exploiter complètement parce que nous éprouvons des sensations de gêne, de honte, de doute de ses capacités, de l'intérêt que nous représentons pour les autres.

L'analyse transactionnelle est un moyen de vivre authentiquement sans modifier notre image par des conventions qui peuvent polluer la vie.

Vivre donc des relations vraies avec autrui dans le but d'accroître son efficacité professionnelle ou personnelle.

L'Analyse Transactionnelle permet également de découvrir la richesse des autres. C'est donc une théorie humaniste accessible à tous parce qu'elle est simple à comprendre et à appliquer.

2.1.1 LES 3 ETATS DU MOI

On remarque tous les jours que les gens se comportent ou pensent différemment selon qu'ils soient dans telle ou telle situation.

Prenons un exemple :

Un dirigeant d'Entreprise assis derrière son bureau s'entretient avec son comptable : Où en est-on ? Vous avez fait le tableau de bord mensuel ? Merci. Et les impayés, est-ce que ça s'améliore ? OK je vais regarder cela.

Une heure plus tard, l'homme est dans sa voiture se rend à un rendez-vous avec un client important. Devant, un automobiliste conduit sereinement manifestement en dessous de la vitesse autorisée. Notre Chef d'Entreprise se dit à lui-même : « Va falloir passer la seconde grand-père, sinon, je vais être en retard ! »

Le soir, il retourne au Bureau, voit son responsable Qualité et lui dit « A propos, j'ai vu des cartons traîner dans le couloir encore ce matin. Je vous rappelle qu'il vous incombe de cesser ce genre de pratique sinon je serai amené à prendre des sanctions ! »

Eric Berne a catalogué trois états du Moi : ce sont un système de sentiments qui déterminent notre comportement. Il les a nommés Parent Adulte Enfant.

Le Parent c'est celui qui fait référence à notre expérience, notre acquis, notre savoir et de ce fait nos repères, nos normes, nos valeurs.

Il existe deux types de parent :

Le parent normatif (ou persécuteur),

Le parent nourricier (ou bienveillant).

Le Parent Normatif exerce domination, critique, autorité.

Style de langage :

« Tu ne dois pas faire cela » ;

« C'est un scandale ! » ;

« Pour qui te prends-tu ? » ;

« Tu n'y arriveras jamais ».

Le Parent nourricier (ou donnant, ou bienveillant) protège.

Style de langage :

« Je suis sûr que tu vas y arriver » ;

« Comment va ton mal de dos ? » ;

« Couvre-toi bien, il fait froid ce matin » ;

« Ce n'est pas grave, cela va passer ».

L'Adulte avant tout « neutre, objectif, raisonné ». Il cherche à résoudre les problèmes en toute rationalité. Il n'y a pas de chaleur : pas de sentiments, pas de conflits. Il tend à faire des propositions permettant à chaque partie de trouver bénéfice dans un accord.

« Quelle heure est-il ? - Dix heures trente » ;

« On dirait qu'il va faire de l'orage - Oui, nous avons intérêt à trouver un abri » ;

« Il y a sûrement une solution à ce problème ».

L'Enfant. Il y a en chacun de nous un aspect enfant, quel que soit notre âge. Nous pouvons le définir comme la partie de nous-mêmes « qui n'a pas vieilli ». L'Enfant peut se manifester de plusieurs façons :

L'Enfant libre ou spontané (petit professeur) ;

L'Enfant adapté ;

L'Enfant rebelle.

L'Enfant libre ou spontané : Nous exprimons et agissons sans ressentir de contraintes, Nous sommes joueur, rieur, parfois capricieux.

Style de langage :

« Formidable ! Génial ! » ;

« Aïe, aïe, ça fait mal ! » ;

« Tu viens avec moi voir cette pièce de théâtre ? Je suis sûr qu'on va s'amuser comme des fous ! ».

L'Enfant adapté ou soumis apprend à s'adapter aux règles qui régissent la vie sociale. L'Enfant soumis est l'enfant sage et obéissant dont rêvent bien des parents. Il se plie aux règles, n'apporte pas de contrariété, fait ce que l'on attend de lui.

Style de langage :

« Je dois saluer les vieilles personnes » ;

« Oui, Monsieur le Directeur » ;

« J'arrive de suite » ;

« Je le fais sans faute tout à l'heure ».

L'Enfant rebelle est l'exact opposé de l'Enfant soumis. Il s'oppose systématiquement à toute tentative qui viserait à lui imposer des

règles. Il suffit de lui proposer une chose pour qu'il la refuse ou en fasse une autre par esprit de contradiction.

Style de langage :

« Si » « Non » « Si » « Non » etc... C'est toujours la même chose » ;

« Tu vas voir ce que tu vas voir ».

Pour revenir à notre Dirigeant d'Entreprise, dans le premier contexte, il s'exprimait en Adulte. Dans le deuxième, il pensait enfant, dans le

troisième il invectivait tel un Parent.

Que retenir des trois états du moi ?

Il convient de souligner que les trois aspects - Parent, Adulte, Enfant - de notre personnalité sont présents en nous tout au long de notre vie, quel que soit notre âge.

Il n'y a pas un état du moi qui soit globalement « meilleur « ou « moins bon » que les autres ; chacune de nos facettes relationnelles a son utilité.

Les trois aspects du moi définis par l'analyse transactionnelle nous servent à communiquer non seulement avec autrui, mais en premier lieu avec nous-même.

Les dialogues peuvent donc s'établir :

Entre le Parent et l'Adulte ;

Entre le Parent et l'Enfant ;

Entre l'Adulte et l'Enfant.

2.1.2 LES TRANSACTIONS

L'AT appelle transaction tout échange verbal (c'est-à-dire parlé) ou non entre les Etats du Moi de deux personnes.

Il existe à la limite 9 types de transactions :

Parent - Parent, Parent - Adulte, Parent - Enfant, Adulte - Parent, Adulte - Adulte, Adulte - Enfant, Enfant - Parent, Enfant - Adulte, Enfant - Parent.

On n'étudiera pas ici toutes les transactions mais seulement celles qui sont les plus évidentes et qui donnent les meilleures synchronisations.

Elles sont appelées transactions parallèles.

Transaction Parent - Parent

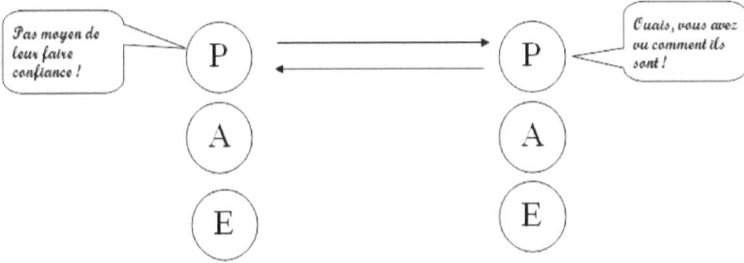

Transaction Adulte - Adulte

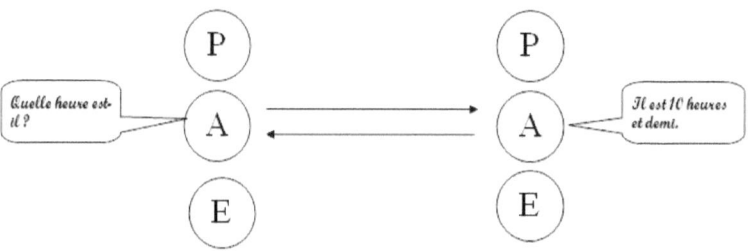

Transaction Enfant - Enfant

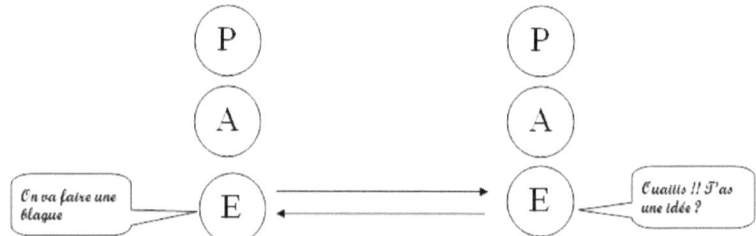

Transaction Parent - Enfant

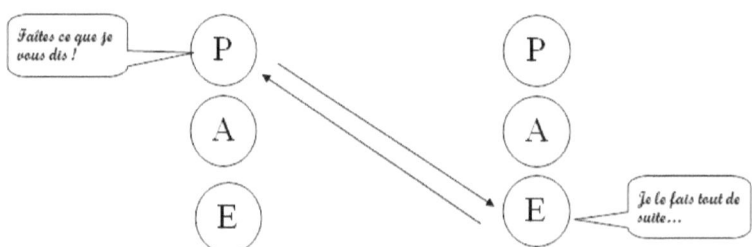

TRANSACTIONS CROISÉES

Les transactions croisées amènent bien souvent des conflits. Ici, le Parent s'attend à ce que l'Enfant lui réponde : « Oui, tout de suite ».

Transaction Parent - Enfant

Parent - Enfant

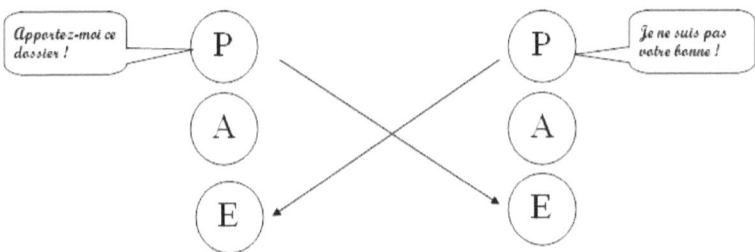

Evidemment nous allons aboutir forcément à des tensions dans le dialogue.

TRANSACTIONS CACHÉES

On appelle une transaction cachée, une transaction dans laquelle la communication émise prend l'apparence d'un état du Moi différent de celle volontairement exprimée.

Prenons un exemple :

« Deux courtisans à la cour du Roi dit le XVème conversent dans la cour du Château de Versailles » :

Comment va Madame Poisson ? Qui est Madame Poisson ?

Mais c'est évidemment Madame la Marquise de Pompadour ! Mais alors pourquoi l'appelez-vous Madame Poisson ?

Parce que c'est son nom ! ».

Il est évident que le premier courtisan se moque de la Marquise de Pompadour puisqu'il l'appelle Madame Poisson (Louis XV l'avait anoblie).

Mais il prend la position d'Adulte et s'adresse à l'Adulte de son Interlocuteur, qui répond sous la forme Adulte « Qui est Madame Poisson ? ».

Ensuite, on est toujours sur une transaction apparente Adulte – Adulte mais en fait le premier courtisan s'adresse en Enfant Spontané (« Eh, vous avez vu, Madame la Marquise s'appelle Madame Poisson !) du début à la fin.

Bien sûr, ici il s'agit d'un exemple humoristique. Mais nous rencontrons ces situations parfois quand nous pensons « Qu'est-ce qu'il veut me dire ! Il me cherche ou quoi ? ». Cela est dû au fait qu'on ne sait pas à quel niveau se positionne la communication. Adulte - Adulte, ça ne serait pas Parent - Enfant ou Enfant - Enfant. Quand on dit « C'est vrai ? » ou « C'est une plaisanterie ? », « Où veux-tu en venir ? » ou encore « Il me cherche ? ».

Retenons trois choses :

Les transactions parallèles peuvent se poursuivre indéfiniment ;

Les transactions croisées bien que franches débouchent sur une rupture ;

Quand aux transactions cachées, si nous avons un doute sur leurs existence, demandons franchement à notre interlocuteur ce qu'il sous entend dans sa question ou son discours.

2.1.3 JEUX PSYCHOLOGIQUES

Les gens heureux n'ont pas d'histoire ! Cette maxime nous la connaissons tous. Quels que soient le Roman, la BD, la pièce de théâtre, l'aventure que vous avez vécue, il y a toujours trois personnes :

La victime bien sûr,

Le persécuteur,

Et bien entendu le sauveteur, le héros en quelque sorte.

Dans notre vie courante nous sommes tour à tour un de ces trois personnages. Encore que... des personnes restent victimes toute leur vie «

Je n'ai pas de chances », « Ce n'est pas pour moi », « Je laisse la place à d'autres ». Des personnes aiment se dévouer et aider autrui. Ils s'apprécient en étant des sauveteurs. Quand au Persécuteur, il aime aussi être une victime : « C'est un complot ! On m'en veut ». En fait la Victime est une forme excessive de L'Enfant adapté, le persécuteur, un Parent critique et le sauveteur, le parent nourricier.

Ce trio est appelé en AT Jeu Psychologique. Et pourquoi l'évoque-t-on sinon pour signaler que ce ne sont pas des transactions très saines. Si une personne se positionne en victime, le plus mauvais service qu'on puisse lui rendre, c'est de se mettre en situation de sauveteur, parce qu'elle en usera et abusera et on développera une énergie qui lui rendra service dans son rôle. On l'écouter. On la prendra en considération mais en fin de compte n'aura pas résolu la situation. Nous donnerons quelques conseils plus en avant de la façon dont on gère ces situations.

2.1.4 LES RACKETS

Un petit garçon qui se roule par terre, après avoir trépigné de colère, ou une jeune femme qui se culpabilise s'appellent un racket. Qu'est-ce qu'un racket ? Un racket réside dans les comportements de défense que nous élaborons afin de masquer nos vrais sentiments. Un racket très courant est le comportement de colère que nous utilisons pour nous défendre de la douleur, de la tristesse ou de la honte.

Par exemple, se mettre en colère plutôt que de pleurer. Ces rackets peuvent s'exprimer car ils s'accompagnent de la croyance que nous avons le droit légitime de nous sentir comme ça.

2.1.5 LES STROKES

On appelle stroke des stimuli, des « coups » que nous pouvons recevoir de façon positive (une caresse) ou négative (une forte réprimande).

Les propriétaires de chien le savent bien : s'ils les laissent seuls la journée, il y aura peut être des chances pour qu'ils retrouvent des coussins mangés, ou le canapé inutilisable. Pourquoi ? Parce que quand le propriétaire va rentrer, il va sermonner son chien, et le chien sera content de recevoir des strokes même négatifs Ce dont on est certain, c'est que le genre humain ou animal a besoin de strokes pour vivre. En somme, il vaut mieux recevoir des strokes négatifs que rien du tout. Les strokes sont donc une forme de communication indispensable. On peut parler de calorie psychologique. L'AT insiste dessus, car elle démontre que la communication est indispensable pour survivre.

2.1.6 LES TIMBRES PSYCHOLOGIQUES

Martine apporte le café à son Manager. « Il est fade, votre café ». Martine rougit, fond en larmes et s'en va en claquant la porte. « Mais qu'est-ce que je lui ai dit ? » se demande interloqué le Manager. Ce qu'il ne sait pas, c'est que Martine a eu un différend avec son fils ainé la veille, qu'elle n'a pas bien dormi, qu'elle a retrouvé son petit le matin avec 39° de fièvre, que la batterie de son téléphone était déchargée quand elle a voulu appeler la nourrice, qu'elle s'est trouvé dans un embouteillage inextricable et qu'en arrivant au bureau elle devait impérativement terminer un dossier pour la matinée. Chaque incident n'a pas de gravité en soi mais nous collectionnons comme Martine des Timbres psychologiques, c'est-à-dire des sentiments et nous les épargnons comme lorsque l'on va faire ses courses et que nous récoltons des bons d'achat. Et, au bout d'un moment, nous vivons une surdose de timbres, et la moindre occasion permet d'exploser. L'AT recommande pour ne pas en arriver à de telles extrémités d'en faire part à qui que ce soit. Communiquer permet de « vider » ses émotions.

2.1.7 LA STRUCTURATION DU TEMPS

Comment gérons-nous notre temps ? E. Berne en a répertorié six :

L'intimité : C'est le moment où l'on doit se sentir seul avec soi-même. Faire le point en quelque sorte. C'est l'absence de transactions avec les autres.

Les rituels : Tous les jours nous « ritons ». « Comment ça va ? », « Bien et toi ». On ne soucie pas de la santé de son prochain, mais c'est ainsi qu'on approche son interlocuteur. La poignée de mains participe à ces rites.

Les Passe-temps : Souvenez-vous du paragraphe Communication et conversation. Ce sont des échanges qui n'impliquent rien sinon d'avoir communiqué avec quelqu'un sans résultats tangibles.

Les activités : Ce sont toutes les activités possibles depuis faire le ménage, jusque participer à un match de foot, ou se rendre à un concert, dicter une lettre, etc.

La proximité : Nous éprouvons de temps en temps le besoin de nous confier à un partenaire, un ami, une relation, un Conseil. C'est une transaction Enfant > libre-Enfant. On pourra pleurer , rire, travailler.

Les jeux psychologiques : Nous les avons évoqués ci-dessus. Les transactionnalistes les ont classés par niveau : peu grave, grave, très grave. C'est une façon de passer son temps.

Ce catalogue de structuration vous permettra de savoir dans quel domaine vous passez votre temps à l'instant présent. On voit bien ici que E. Berne a catalogué chaque situation, chaque moment, chaque lieu dans un contexte bien précis. C'est la raison pour laquelle l'AT est à la portée de chacun dans la mesure où il prend conscience de l'évènement qui se produit.

2.1.8 LES POSITIONS DE VIE

Etre OK, c'est se sentir bien dans sa peau. La vie est belle, le ciel est bleu et les oiseaux chantent.

Etre non OK, c'est devenir morose. La vie est moche, il pleut et l'usine de traitement de déchets métalliques est sale et fait un bruit assourdissant. On est OK ou non OK selon bien entendu le moment et ça peut varier dans la journée. L'intérêt de ce concept, c'est notre relation avec les autres qui sont eux-mêmes OK ou non OK selon notre point de vue.

Cela se traduit dans notre façon de nous exprimer. Prenons un exemple, celui du Professeur avec ses Etudiants.

1er cas) Professeur OK. Etudiants OK. Phrase entendue du professeur : « Bonjour à tous. Je suis ravi de vous voir. Nous allons faire un excellent travail ensemble et je suis certain que vous réussirez parce que vous en avez les capacités ».

2ème cas) Professeur OK. Etudiants non OK. Phrase entendue du professeur : « Bonjour à tous. Je ne suis pas sûr que le cours que nous allons entamer ensemble soit compréhensible de tous. Mais enfin tâchez de faire un effort, on ne sait jamais ».

3ème cas) Professeur non OK. Etudiants OK. Phrase entendue du professeur : « Bonjour à tous. Merci d'être venu à mon cours. Je ne fais pas un métier facile. Vous, vous serez appelé à d'importantes responsabilités et vous gagnerez plus d'argent en un an que moi en toute une vie. Mais bon, je vais essayer quand même de vous apprendre quelque chose même si cela ne vous sera pas utile ».

4ème cas) Professeur non OK. Etudiants non OK. Phrase entendue du professeur : « Bonjour à tous. La vie n'est pas facile ni pour vous ni pour moi. Je sais, cela n'est pas évident mais j'espère que vous finirez par avoir un travail et que moi je garderai le mien ».

Phrases sans doute exagérées. Mais ne dit-on pas « Il ne parait pas en forme » ou « Il nous fait sa petite mine ». Notre langage, notre attitude trahit notre pensée. N'oublions pas que notre interlocuteur a ses capteurs. Inutile de dire quelle attitude on doit avoir avec autrui.

Souvenons -nous de l'artiste humoriste, qui vient de perdre un être cher, rentrant en scène pour faire rire son public pendant 1heure et demi! Quelle attitude doit-il avoir ?

2.1.9 LES SCENARII

Eric Berne parle de scénarii comme dans un film. De quoi s'agit-il ? Nous avons reçu de nos parents des injonctions et des permissions (Mots d'ordre sur lesquels nous reviendrons plus loin). A partir de cela, nous mettons inconsciemment des scenario qui mènent notre vie.

Il en distingue trois :

Le Scenario Gagnant : C'est celui de ceux qui réussissent leur vie, professionnelle familiale et personnelle. Ils ne sont pas toujours gagnants, mais rien ne les arrête. « Le Gagnant c'est celui qui sait ce qu'il fera s'il perd, donc il ose ».

Le Scenario Non Gagnant : C'est celui de ceux qui aimeraient bien être comme les gagnants mais ils n'osent pas. « Je créerai ma boîte comme toi, mais ce n'est pas le moment, tu comprends, avec la conjoncture ! » Ce n'est jamais le moment pour lui.

Le Scenario Perdant : C'est celui de ceux qui sont perpétuellement victimes ou Persécuteur et ne s'en sortent pas. Ils ont parfois de l'énergie mais s'usent sans beaucoup de résultats. « Le Perdant c'est celui qui sait ce qu'il fera s'il gagne, donc il n'a jamais de portes de sorties ».

Pour la relation avec autrui, la communication doit être évidemment gagnante. Il y a beaucoup de mots dans notre communication à éviter.

Nous y reviendrons ultérieurement.

2.1.10 LES MOTS D'ORDRE

C'est toute notre éducation. Les pédiatres nous disent que notre vie est jouée dès l'âge de cinq ans. Nous avons reçus de nos Parents (les vrais parents et non l'état du Moi) des messages ancrés dans nos états Moi Parent Normatif et Enfant adapté. Eric Berne en a recensé 5 :

Sois parfait : Le travail doit toujours être bien fait, dans le détail et sans fausse note. L'effet pervers est qu'on n'a jamais fini, et on recommence les choses plusieurs fois.

Fais Plaisir : Il faut toujours être à la disposition des autres sans engendrer de conflits et finalement on accepte tout parce que l'on ne veut pas faire de vagues.

Essaye plus fort : On a travaillé donc on a bien fait. Il faut suer pour mériter. On confond souvent effort et résultat. On n'aime pas la simplicité et le va-vite.

Sois fort ou ne montre rien : Il ne faut jamais exprimer ses sentiments devant les autres, que ce soit la joie ou la peine. Ca ne se fait pas.

Dépêche-toi : Peu importe du résultat, il faut aller vite. S'agiter, c'est faire preuve d'activité. Il ne faut jamais prendre son temps.

Bien sûr, on n'agit tous un peu selon chaque mot d'ordre. Ce sont des caricatures. Mais néanmoins un ou deux mots d'ordre dominent dans notre comportement.

2.1.10 LES INJONCTIONS ET PERMISSIONS

On entend ces phrases récurrentes dans le langage des gens : « Ma Mère disait... » ou « Mon Père me rappelait ». On garde toute notre vie ces messages parentaux qui nous pourrissent ou enchantent la vie.

A titre d'exemple, on citera :

Injonctions (interdits)

Soit discret,

Fais bonne figure,

Ne fais pas l'important ne prends pas de risque,

Ne pense pas, agis,

Ne reconsidère pas ce que tes aînés t'ont dit,

Ne fais pas confiance, les gens sont dangereux,

Ne délègue rien, contrôle tout,

Ne te mêle pas aux autres,

Sois comme ton père,

Sois sérieux.

Permissions

Existe,

Sois toi-même,

Prends des initiatives,

Ose dire tes propres idées,

Fais confiance,

Délègue,

Intéresse-toi aux autres,

Sois proche des gens,

Sois équilibré, raisonnable.

QUE RETENIR DE L'ANALYSE TRANSACTIONNELLE ?

Nous avons signalé au début de cette leçon qu'Eric Berne avait mis en place une théorie qui avait le mérite d'être facile à comprendre. Il décrit chez nous nos États de Moi, les scenarii gagnants et perdants, les jeux et timbres psychologiques, les mots d'ordre etc. Dès à présent , nous savons mettre un nom sur une situation. Or définir un concept, c'est le comprendre. Faisons l'expérience de demander à quelqu'un de définir en termes simples son métier son activité, sa profession. Si il cherche ses mots, utilise des périphrases, ou hésite, c'est que lui-même ne sait pas ce qu'il fait. Communiquer c'est communiquer aux autres mais également à soi-même. La communication est d'abord simple parce que compréhensible. Tout est explicable à condition de respecter cette démarche. On a essayé de décrire toutes les situations que nous vivons quotidiennement, et nous savons dès à présent dans quel état du Moi nous correspondons, quel scenario, nous mettons en place, quelles injonctions ou permissions nous avons reçues etc. En bref nous faisons de la psychologie pour nous même et pour les autres.

Ce que l'on conçoit bien s'énonce clairement et les mots pour le dire viennent aisément» (Nicolas BOILEAU).

2.2 LA PROGRAMMATION NEUROLINGUISTIQUE (PNL)

Définition

La programmation neuro-linguistique (PNL) est un programme de développement personnel originaire des États-Unis qui propose, au travers de la « modélisation » de certains comportements, de parvenir à des changements personnels dans le sens d'un mieux-être. Elle peut être employée dans des cadres personnels, ou d'entreprises. Le terme a été inventé par John Grinder et Richard Bandler dans les années 1970 et s'inspire du travail d'un psychothérapeute Milton Erickson.

Qui l'utilise ?

Les praticiens de la PNL et tous ceux qui souhaitent progresser par cette méthode.

A quoi ça sert ?

La PNL a beaucoup d'ambitions.

Elle propose de changer certains aspects de la vie et même le bonheur ! Des clubs de PNL existent sur le net, et beaucoup de personnes y retrouvent leur compte.

Influencer autrui dans le respect d'éthique. Les escrocs utilisent aussi la PNL. Il y a effectivement des critiques à ce sujet car il s'agit parfois de manipulation.

Transformer ses rêves

Quant à nous, nous nous en servirons dans ce cours pour une autre approche de la communication.

2.2.1 LE FONCTIONNEMENT DE LA PNL

La PNL explique comment nous utilisons nos ressources pour réussir.

Nos ressources :

Nos connaissances (Ce que nous avons appris à la maison, à l'école, au club sportif, au conservatoire...),

Nos systèmes sensoriels : Toucher goût ouïe, vue, odorat Notre langage,

Nos énergies,

Nos souvenirs, notre mémoire,

Et puis.... notre imagination, nos sensations, nos méthodes, nos réflexions, notre humour, nos processus décisionnels, nos capacités communicatives, notre gamme d'expression.

Ces ressources, nous les agençons en séquences constituées de représentations sensorielles qui peuvent être visuelles, auditives, kinesthésiques, olfactives, ou gustatives.

Ces séquences forment des stratégies – pour passer d'un état présent à un état désiré – Un objectif à atteindre - nous disposons de ressources physiques et de ressources mentales. On organise un programme. Une stratégie est une succession d'opérations mentales susceptibles d'être modifiée selon notre goût.

2.2.2 LES MÉTAPROGRAMMES

Au départ, j'ai une intention (Ce que je veux) et j'adapte mon comportement en fonction de mes intentions (C'est ce que je fais). J'obtiens un résultat. De deux choses l'une : Soit j'obtiens ce que je veux et dans ce cas, j'en suis satisfait, soit je revois ma stratégie de communication en disposant de mes ressources. On comprendra donc pourquoi on parle de programmation dans la PNL. Cela s'appelle un méta programme.

2.2.3 LE VAKO NOTRE TABLEAU DE BORD

Un pilote d'avion gère sa machine en fonction de ce qu'il a en face de lui à savoir des aiguilles, des cadrans. Enlevez-lui cela ? Il est perdu.

Essayez d'imaginer que votre interlocuteur c'est ce tableau de bord. En lisant ce texte vous avez une perception visuelle remémorée du tableau de bord d'un avion. La PNL va se servir des aspects sensoriels qu'elle appelle VAKO.

V comme visuel qui peut être :

Ve pour visuel externe. (La personne regarde quelque chose). Que voyez vous ?

Vr pour visuel remémoré. (La personne accède à une image remémorée). Souvenez-vous de votre maison d'enfance ?

Vc pour Visuel construit. (La personne imagine une représentation nouvelle). Voyez-vous ce quartier entouré de gratte-ciels ?

A comme auditif qui peut être :

Ae pour visuel externe. (La personne entend un son). Qu'entendez-vous ?

Ar pour auditif remémoré. (La personne accède à un son mémorisé). Quel bruit faisait cette machine

Ac pour Auditif construit. (La personne imagine un son, une voix). Imaginez le TGV passer à côté de la maison !

Ai/d pour Auditif interne/dialogue (La personne se parle à elle-même.)

K comme Kinesthésique qui peut être :

Ke pour Kinesthésique externe (La personne est touchée ou ressent une sensation externe) Comment vous sentez-vous ?

Ki (La personne ressent une sensation interne). Imaginez vous manger du citron !

O pour Olfactif. (La personne sent quelque chose). L'odeur d'un parfum, de brûlé.

G comme gustatif. (La personne goûte quelque chose). Pensez à un steak saignant.

Les personnes ressentent ces sensations et peuvent les exprimer par des mots contenus dans le tableau suivant :

Visuel	Auditif	Kinesthésique
Vif, blanc, clair, couleur, sombre, lumineux, illuminer, perspective, vision	Entendre, sourd, dire, fort, harmonie, mélodie, faire écho, résonner, dire, crier, aigu, chanter, ton, prononcer, vocal, hurler	Froid, rebond, excitant, sentir, couler, poigne, mouvement, contact, solide, claquement, toucher, piétiner, poids
Il paraît que	La question importante que nous nous posons tous est...	Avoir les pieds sur terre
Un aperçu de la réalité	Comme vous dites	Prendre un projet à cœur
Illustrer ses propos	Je l'ai entendu de sa propre bouche	Éprouver du chagrin
C'est une nouvelle façon de voir le monde	Tout cela sonne faux	C'est du bon sens
Jette un œil la dessus	Mot pour mot	Elle a beaucoup de flair
Visuel	Auditif	Kinesthésique
C'est tout à fait clair	Nous sommes sur la même longueur d'onde	Il a la mainmise sur le club
Cela crève les yeux	Il a fait la sourde oreille	Il est casse pieds
Montre-moi ce que cela signifie	Elle s'est mise à entendre des voix	Solide comme un roc
Avoir des œillères	Orchestré de main de maître	Jolie à croquer

Ajoutons à cela que les gens tournent les yeux à chaque situation.

2.2.4 LE TABLEAU DE BORD : SES YEUX

Le mouvement des yeux est un indicateur du système de représentation. Nous pouvons donc à chaque instant savoir comment une personne structure son expérience, comment elle se la représente.

Les yeux se dirigent :

En haut à droite = Image visuelle construite ;

En haut à gauche = Image visuelle remémoré ;

A droite = Sons ou mots construits. ;

A gauche = Sons ou mots remémorés ;

En bas à gauche = Auditif interne ;

En bas à droite = Kinesthésique interne.

On comprendra pourquoi les joueurs de Poker portent des lunettes de soleil.

2.2.5 LES AS DE LA COMMUNICATION

L'as de la communication lit dans les yeux votre pensée ! Mais lisons ces deux récits. Nous y apporterons un commentaire ensuite.

1er Récit :

Je me rendais chez mon directeur national que je voyais pour la première fois. Dans le hall d'accueil, je sollicite l'hôtesse et lui demande d'annoncer ma venue. Le bâtiment était cossu. L'air était conditionné ce qui était très agréable compte tenu de la chaleur étouffante qui nous pesait ce jour de juillet. Un parfum léger diffus régnait. Elle m'indiqua après avoir passé un coup de fil que je pouvais monter à l'étage et que l'on m'y attendrait. La cage d'escalier était en marbre, et les marches étaient recouvertes d'un épais tapis rouge. Effectivement, en haut, une jeune personne m'attendait. En souriant elle me dit « Bonjour ! Suivez moi je vous prie ». Le couloir était digne d'un palace. Tout était feutré et silencieux. Elle ouvrit une porte épaisse de chêne. Le bureau spacieux était éclairé par une large baie vitrée, ce qui fait que je ne pouvais voir mon manager qu'en contre jour. « Laissez-nous Elisabeth et Merci. Prenez place et mettez-vous à votre aise Christian Vous prendrez un café ? ».

2ème Récit

Mon client était un atelier de Chaudronnerie et de Mécanique. En arrivant chez lui ce jour de Juillet , j'évitais consciencieusement de me garer dans son parking, boueux, défoncé et jonché de pièces métalliques qui risquaient de me crever les pneus. Il faisait une chaleur moite. Je rentrais dans le hangar, véritable fournaise. Le bruit était assourdissant et l'odeur âcre de l'huile chauffée rendait l'atmosphère écœurante.

Je hurlais auprès d'un ouvrier travaillant sur sa machine à commande numérique en lui demandant où est le directeur. Il leva son bras et m'indiqua un escalier en caillebotis qui aboutissait à une porte en bois qui avait changé de couleur avec le temps. Je cognais et entrait dans une salle exigüe et poussiéreuse. Le désordre y régnait. Le directeur, en bleu de travail après que j'eus fermé la porte me dit « C'est pourquoi ? ».

Voici deux situations qui arrivent à tout un chacun dans la vie courante. Au travers de la lecture, vous avez ressenti des émotions virtuellespuisque c'est un récit mais que vous acceptez d'intégrer comme si vous y étiez. Nous disposons des capteurs sensoriels. Dans la nature, le bruit n'existe pas. C'est notre cerveau qui interprète les ondes comme du bruit. De même pour la vue, les couleurs n'existent pas. Tous les messages que nous captons sont très subjectifs et sont interdépendants les uns des autres. C'est ainsi que la fragrance d'un parfum peut évoquer de la joie, de la peine, de la colère, ou de l'indifférence. Nos cinq sens nous transmettent des émotions. Nos sens sont un vecteur d'émotions.

Revenons aux as de la communication.

Les praticiens de la PNL ont découvert que les as de la communication avaient trois aptitudes :

Ils savent ce qu'ils veulent ;

Ils savent parfaitement identifier les réponses qu'ils obtiennent ;

Ils sont suffisamment flexibles pour modifier leur comportement pour arriver à leur fin.

Comment font-ils ?

Ils établissent un lien puissant avec leur interlocuteur. On dit qu'ils se calibrent. On avait évoqué l'empathie ci-dessus, c'est-à-dire la capacité de se mettre dans la « peau » de son vis-à-vis. On va donner une illustration de cette calibration :

Exemple de calibration

Le Patient : « Docteur, j'ai mal au ventre »

Le Docteur : « Vous avez mal au ventre ? Voyons cela »

Exemple de non calibration

Le Patient : « Docteur, j'ai mal au ventre »

Le Docteur : « Vous éprouvez une douleur au niveau du foie ou du tube digestif ? »

La calibration se manifeste aussi dans les gestes. C'est celui de la mère qui se met à genoux à hauteur des yeux de son fils de 5 ans pour lui parler ou le consoler.

Ensuite les as de la Communication établissent un cadre et des objectifs. Ils structurent leur propos, ils ne s'évadent pas, ne font pas de parenthèses, évitent les détours sauf si cela est nécessaire. « Revenons à notre sujet ».

Leur troisième qualité est d'aller à la recherche des ressources (Et il y en a !). Mémoires , souvenirs, attitudes, réflexions, nos énergies, notre langage, etc.

Ils pratiquent l'ancrage. De quoi s'agit-il ? Les personnes éprouvent de la tristesse, ou des douleurs lors d'un bruit caractéristique. Le but des as de la communication est d'ancrer leur vision sur un geste. Une ancre est quelque chose qui est accroché à quelque chose d'autre. Par exemple, une musique peut nous faire frémir. On n'est pas loin de l'expérience de Pavlov qui remarqua qu'un chien qui revenait dans le laboratoire de recherches après plusieurs fois, se mettait à saliver avant même qu'on le nourrisse. Le chien salivait à voir simplement la pièce, le plat où on mettait la nourriture, la personne qui la lui donnait ou encore à sentir l'odeur de la viande. Bien sur cet ancrage doit aboutir à un stimulus positif.

L'ancre doit être :

Différente des mouvements, des sons et des images de la vie quotidienne ;

Unique donc individualisée ;

Définie lorsque l'état est à son apogée ;

Opportune (Le meilleur moment) ;

Renforcée ;

A utiliser sinon on risque de les perdre.

Ils proposent ensuite à leur interlocuteur de décrire les résolutions qu'ils envisagent de prendre.

« Comment voyez-vous cela ? ». Si l'intention est positive, le pari est gagné !

Ils vérifient si le changement que va opérer leur interlocuteur n'aura qu'un impact positif pour lui et son environnement.

L'emploi de métaphores. C'est un aspect important dans le mode de communication. Imager son discours afin de le rendre plus compréhensif. Souvent, on utilise cette métaphore pour définir la qualité d'un Produit : « C'est la différence entre une Mercédès et une Twingo ».

L'emploi du domaine « comme si ». Imaginions que vous y arriviez. Que se passerait-il alors ? La personne interrogée se voit obligée de créer une réorganisation nouvelle. Il faut que l'interlocuteur fasse un effort pour envisager ses actions de façon plus positive.

La flexibilité. Quand un communicateur n'obtient pas le résultat obtenu, c'est qu'il doit changer quelque chose dans sa communication.

N'oublions pas : la responsabilité d'une mauvaise communication incombe toujours à l'émetteur et jamais au récepteur.

L'as de la Communication met l'accent sur les faits avant les opinions. Dans la communication, il y a 3 niveaux :

Le niveau des faits ;

Le niveau de l'opinion ;

Le niveau de l'émotion.

Illustrons notre propos.

Si je dis : « Le siècle comprend 100 ans. ». C'est un fait. Tout le monde est d'accord. Il n'y a pas de contestations possibles et je suis dans le domaine de l'objectif.

Si je dis : « Le XXème siècle n'est qu'un siècle d'horreurs ! ». J'émets une opinion et je risque de rencontrer des gens qui ne sont pas d'accord car on est dans le domaine du subjectif.

Si je dis : « Ne me parlez pas du XXème siècle ! Ca me fend le cœur ». On est dans le domaine de l'irrationnel. Et le cœur a ses raisons que la raison ignore. De telles affirmations risquent d'aboutir à des débats houleux et peuvent entrainer des conflits.

C'est la raison pour laquelle le communiquant privilégie les faits.

La discrétion

Le communiquant ne rentre pas dans la vie intime de son interlocuteur mais peut lui demander parfois de penser à des situations difficiles sans les désigner. On met ainsi à l'aise la personne questionnée.

L'impartialité

La façon dont l'on pose les questions oriente notre interlocuteur. Par exemple, si je dis « Ne trouvez vous pas intolérable la façon dont les pays riches exploitent les richesses minières du tiers monde ». Evidemment, il est difficile de répondre autrement qu'en acquiesçant sur le caractère intolérable des pays riches. Les super communicants évitent l'utilisation de tels procédés ou, si c'est le cas, acceptent leur caractère manipulatoire quand cela est évoqué.

2.2.6 PRÉSUPPOSÉS DE LA PNL

La PNL parle de carte du Monde et ajoute que la carte n'est pas le territoire. La carte ? C'est ce que vous connaissez du monde. Pour certains, ça s'arrête au coin de la rue, pour d'autres, c'est la planète, pour d'autres encore c'est l'univers. Autrement dit, la perception que vous avez du Monde n'est pas celle de votre voisin. Un salarié n'a pas la même vision de l'entreprise que son dirigeant. Un amateur de Rap n'a pas les mêmes sensations qu'un mélomane de musique classique, etc. Et encore, notre carte du monde n'est pas le reflet de la réalité puisque nous la percevons par des medias extérieurs. Donc, chacun répond en fonction de sa carte du monde.

A l'origine de tout comportement, il y a une intention positive, assertion difficile à accepter. Le meurtrier, à priori, n'a pas d'intention positive.

Certes, mais peut-être y avait-il derrière une intention secondaire positive. Il voulait peut-être protéger quelqu'un.

En PNL l'échec n'existe pas. Comme il s'agit de programmer sa communication, on étudie sa communication séquence par séquence et on voit ce qui a marché et ce qui n'a pas marché. Ensuite, on corrige ce qui n'a pas marché. Ce qui veut dire qu'il faut changer son comportement plutôt que de s'obstiner à avoir raison.

Les gens valent bien plus que leur comportement. C'est la recherche de son humanité au-delà du quotidien de sa façon d'être qui est importante. Et dans tout homme réside une identité, des compétences, des croyances, un environnement.

Il y a une étroite relation entre le corps et l'esprit. La façon de penser d'un basketteur et sa vision du monde donc est différente de celle d'un nain.

La signification de la communication est la réponse qu'elle suscite. Peu importe la façon dont vous communiquez, c'est la perception du message qui est importante. Tous les malentendus partent de là. Combien de fois avons-nous entendu « Je n'avais pas voulu dire cela ».

Une petite parenthèse sur le mot « mais ». Lorsque l'on le prononce, on ne retient que ce qui est dit après. « Nous avons fait 1 000 000 € de bénéfices mais nous ne versons pas de dividendes aux actionnaires » minime le 1 000 000 € de bénéfice par rapport aux dividendes. Si nous disons « Nous avons fait 1 000 000 € de bénéfices et nous ne versons pas de dividendes aux actionnaires », la première proposition a plus de chances d'être entendue (Démonstration de Robert Dilts, praticien PNL).

2.2.7 SE FIXER DES OBJECTIFS

Communiquer, c'est se fixer des objectifs. Et ces objectifs doivent répondre selon le modèle SMART. Dans les entretiens d'évaluation entre les salariés et les employeurs, ce cadre est abordé.

Spécifique : que voulons-nous réaliser concrètement?

Mesurable : il faut pouvoir mesurer les objectifs (durée, qualité, quantité, coûts..)

Approprié : l'entretien s'accorde-t-il aux objectifs de l'organisation et aux besoins de votre collaborateur ?

Réaliste : il doit être acceptable, correspondre aux moyens de votre collaboration et de votre organisation.

Temporel : le plan aura une échéance, à diviser en étapes pour permettre un suivi régulier.

Pour les sceptiques...

Lisez ces différentes expériences qui démontrent que sans contrainte on peut aboutir à des résultats. Et notamment celles qui concernent des enfants à qui on propose de faire une piqûre. Eux au moins, on je peut pas les taxer de manipulateurs.

Le « pied dans la porte » habitue à l'action

Des étudiants de l'université d'Aix-en-Provence pensent participer à une expérience portant sur la concentration dans le laboratoire de Robert-Vincent Joule, professeur de psychologie sociale (1). Pendant les deux heures de la séance, ils ne pourront pas fumer. Tous ignorent qu'ils ont en fait été recrutés en raison de leur tabagisme (15 à 20 cigarettes par jour) : la véritable expérience consiste à tenter de les rendre abstinents pendant une soirée entière. La séance terminée, les étudiants sont aussitôt sollicités pour participer à un deuxième test de concentration qui aura lieu le lendemain. Invoquant le bon déroulement de l'expérience, on leur demande alors de ne pas fumer jusqu'à cette deuxième séance, soit durant dix-huit heures. 44 % acceptent et 40 % se privent effectivement de tabac durant ce laps de temps !

L'expérience est alors renouvelée avec des candidats à qui l'on demande directement de s'abstenir dix-huit heures sans les faire participer à la séance initiale de deux heures. Seuls 10% acceptent et 4 % se privent effectivement de tabac.

LE PRINCIPE : le « pied dans la porte » consiste à utiliser une requête préparatoire pour obtenir un premier acte peu coûteux (se priver de cigarette deux heures) pour obtenir ensuite le comportement cible, beaucoup plus difficile (arrêter de fumer pendant dix-huit heures). Plus l'acte préparatoire est coûteux, plus la probabilité que la deuxième requête soit acceptée est grande, car cette technique entraîne le sujet à persévérer dans sa décision. Robert-Vincent Joule a poursuivi l'expérience pendant plusieurs jours, « contraignant librement » ainsi une bonne partie des étudiants à ne pas fumer pendant trois à sept jours. Trois mois après l'expérience, ces étudiants avaient sensiblement réduit leur consommation !

La « porte au nez » fait croire à la facilité

Des étudiants de l'université de l'Arizona aux Etats-Unis (2) sont sollicités pour participer à un programme de réinsertion de jeunes délinquants. Il s'agit de leur consacrer un jour par semaine pendant deux ans. Des volontaires ? Aucun. Rien d'étonnant : la demande étant disproportionnée, tous refusent. Quand on leur demande ensuite s'ils accepteraient au moins d'accompagner ces jeunes une seule demi- journée au zoo, ils sont nombreux à accepter. Deux fois plus nombreux que ceux à qui l'on demande ce service sans préambule.

LE PRINCIPE : la « porte au nez » est l'inverse du « pied dans la porte ». Le but est d'obtenir un refus à la première demande pour obtenir un accord à la seconde, qui constitue la véritable requête. Il faut donc commencer par une demande extravagante pour enchaîner sur un service qui apparaît, en comparaison, peu coûteux et donc difficile à refuser. Cette manipulation est d'autant plus efficace que la cause est juste. Car si le sujet refuse une première fois de contribuer à une noble cause, il sera en paix avec sa conscience avec une action plus raisonnable.

Le « leurre » engendre une frustration insupportable

Les étudiants de l'université d'Aix-en-Provence (3) sont invités à visionner un film provoquant des émotions agréables. Cette expérience est d'autant plus intéressante qu'elle est bien rémunérée. Mais arrivés au laboratoire, ils apprennent que l'expérience a été annulée. Déception.

Au moment de partir, un chercheur, croisé « par hasard » dans le couloir, leur propose alors de participer à une autre expérience, beaucoup moins intéressante : recopier l'annuaire gratuitement ! Malgré l'ingratitude de la tâche, les étudiants sont trois fois plus nombreux à accepter que ceux à qui l'on n'avait pas promis initialement de participer à une expérience intéressante et rémunérée.

LE PRINCIPE : le leurre amène le sujet à prendre une décision qui, finalement, ne se concrétisera pas. Cela engendre une déception d'autant plus forte que l'expérience semblait intéressante. Le leurre est donc immédiatement suivi d'une alternative, moins intéressante, certes, mais dont le rôle est de réduire cette frustration. Cette manipulation est souvent à l'œuvre dans les commerces en période de soldes.

Le pull présenté en vitrine à -50 % n'est malheureusement plus disponible dans la taille recherchée. Heureusement, le vendeur a pratiquement le même dans la nouvelle collection, à la bonne taille. Bien sûr, il n'est pas soldé... Mais l'acte d'achat est alors possible, pour diminuer la frustration de la première affaire manquée.

Dire « Vous êtes libre de... » rend esclave

Nicolas Gueguen, professeur de psychologie sociale et cognitive de l'université de Vannes, et ses collègues abordent des gens choisis au hasard dans la rue (1) :« Excusez-moi, auriez-vous un peu de monnaie pour prendre le bus ? Seule une personne sur dix ainsi interpellée accepte de donner quelques pièces. La proportion grimpe à 47 % si les chercheurs prennent la précaution d'ajouter aussitôt : « Mais vous êtes libre d'accepter ou de refuser » ! Mieux encore : les personnes se sentant « libres » donnent en moyenne deux fois plus d'argent.

Nicolas Guéguen qui, accessoirement, est pompier volontaire, a utilisé cette technique lors de la fameuse vente annuelle des calendriers. En demandant à ses camarades de corps d'utiliser cette technique, il a augmenté de 25 % le don moyen. Le chercheur breton l'a également éprouvée sur Internet en ajoutant la déclaration de liberté à une sollicitation par e-mail pour aller visiter un site. Cette petite phrase augmentait de 20 % sa fréquentation.

LE PRINCIPE : paradoxalement, le fait de nous sentir libres de nos choix nous conduit à accepter plus facilement une requête, car nous sommes convaincus que ce choix est bien le nôtre. La déclaration de liberté est donc une technique de manipulation extrêmement élégante puisqu'elle permet de soumettre l'individu à sa volonté tout en lui donnant l'impression qu'il est libre. Cette méthode est aussi utilisée pour renforcer les effets des « pieds dans la porte » et autres leurres.

Un peu, c'est mieux que rien

Des chercheurs américains, Robert Cialdini et David Schroeder, de l'université de l'Arizona (5), aux Etats-Unis, font du porte-à-porte en se présentant comme membres d'une association de lutte contre le cancer. Ils sollicitent leurs interlocuteurs à travers un don qui « aiderait leur association ». Mais ils ajoutent aussitôt : « Même un centime nous aidera. » Avec cette petite précision supplémentaire, 50 % des personnes sollicitées ont accepté, contre 28,6 % sans.

LE PRINCIPE : ce genre de petite phrase, « même un centime suffira », aurait pour effet d'augmenter l'impression, auprès du sollicité, que l'organisation demandeuse a véritablement besoin de cet argent pour se contenter de si peu. Il est donc difficile de refuser de lui faire un don, généralement bien supérieur au centime requis.

Toucher met en confiance.

Cette technique très répandue a notamment été testée par Nicolas Guéguen, de l'université de Vannes, auprès d'étudiants en statistiques à qui l'on a demandé de venir corriger un exercice au tableau devant tout le monde (7). Une situation généralement stressante. Avant cela, pendant qu'ils « planchaient » sur l'exercice, leur professeur passait de table en table pour suivre leurs efforts et leur effleurer – ou non – le bras. Résultat : 29,4 % des étudiants touchés ont été volontaires pour venir faire les corrections au tableau, contre 11,5 % des étudiants non touchés !

LE PRINCIPE : le toucher est probablement l'une des techniques de manipulation les plus mystérieuses, car il n'existe pas d'explications satisfaisantes qui permettent de comprendre son efficacité. Dans l'expérience des étudiants en statistiques, Nicolas Guéguen propose trois pistes : le toucher de l'enseignant augmente la confiance en soi de l'étudiant, ou bien il le conduit à se valoriser auprès de lui en accédant plus favorablement à sa requête, ou encore, il lui confère une humeur plus positive qui favorise l'accès à une demande.

L'étiquetage contraint à l'action.

Les enfants, c'est bien connu, n'aiment pas la soupe ni les piqûres. Et pourtant, le professeur de psychologie sociale Jean-Léon Beau-vois a réalisé une expérience surprenante sur plus de 200 enfants grenoblois. (6) Il a recherché des volontaires pour goûter une soupe puante présentée froide dans un bol. Auparavant, il avait pris soin de prévenir les enfants : « Je vois que vous êtes des enfants courageux. Cela veut dire que vous ne devez pas avoir peur de goûter des plats, même s'ils sont étranges. Vous avez l'air d'avoir de sacrées tripes. La plupart des enfants ont relevé le défi (le chercheur a alors prétexté une panne de micro-ondes pour leur éviter d'avoir à le faire réellement...) ! Une semaine plus tard, un autre expérimentateur est revenu dans la même classe formuler une nouvelle demande : tester au choix quatre aiguilles pour rendre les piqûres moins douloureuses. Les enfants qualifiés de « courageux » une semaine plus tôt ont alors opté pour la plus grosse d'entre elles (la piqûre n'a bien sûr jamais eu lieu).

LE PRINCIPE : l'étiquetage « tu es courageux » permet aux élèves de tisser un lien entre leurs actes et ce qu'ils sont. Il est intéressant de créer ce lien quand l'acte va dans le sens de ce que l'on attend d'eux. Ils intériorisent l'idée que c'est dans leur nature d'être courageux. Ils sont donc plus enclins à réaliser des actes qui impliquent leur courage. Cette technique a révélé qu'elle avait une plus grande efficacité éducative que l'habituelle persuasion.

2.3 LA MÉTHODE COUÉ

Pourquoi parler de Coué et de sa méthode. Parce qu'à l'origine Monsieur Coué était un pharmacien et non un psychothérapeute (pour une fois !). Et il demandait à ses clients de prononcer cette phrase : " Tous les jours et à tous points de vue, je vais de mieux en mieux ", ce qui n'était pas en faveur de son officine parce qu'avec son principe, il ne devait plus vendre à terme des médicaments.

Notre subconscient est à l'origine de nos états physiques et mentaux ; Nous pouvons communiquer avec notre subconscient par l'imagination. Les personnes qui voient la vie en noir, dès qu'elles sont confrontées à un malheur se disent : « Je m'y attendais ! ». Dans certaines écoles de vente, on apprend aux commerciaux à se comporter dès le premier mot devant le client comme si ils avaient réalisé la vente. Plus d'une fois sur deux, ils arrivent à concrétiser. On a constaté ce phénomène en laboratoire. On inocule des cellules cancéreuses à deux lots de rats. Dans le premier lot, une majorité de mâles. Dans le deuxième lot, une égalité de mâles et de femelles qui subissent périodiquement des petites décharges électriques. On a constaté que le premier lot était plus résistant à la maladie que le second lot car dans le premier cas, on assiste à un stress provoqué alors que dans le deuxième cas, il s'agit d'un stress subi. Le positif induit donc des forces agissant sur notre inconscient. Nous avons cette liberté et cette capacité d'imaginer le possible et le positif. A fortiori, lorsque l'on communique nos forces intérieures sont transmissibles à notre auditoire. Nous aimons les belles histoires qui se terminent bien. Présentons le tableau de façon à ce que cette histoire se termine comme l'aimerait que votre interlocuteur le souhaite.

Il s'agit bien de l'imagination et non de la volonté contrairement à ce que dit le vieil adage « Quant on veut, on peut ». Citons le texte de Blaise Pascal sur le vertige et la volonté.

Chacun d'entre nous est capable de marcher sur une planche de 10 mètres de long et de 25 centimètres de large si celle-ci est posée sur le sol. Supposons que cette planche soit placée entre les deux tours d'une cathédrale, peu de personnes seront prêtes à s'élancer !

Malgré tous les efforts de volonté possibles, la chute est quasiment inévitable.

Dans le premier cas, l'imagination nous dit que la traversée était facile, dans le second, nous imaginons la chute.

Le charpentier comme le couvreur imaginent, eux, qu'ils peuvent le faire.

On peut retenir

La réalité est notre pensée, bonne ou mauvaise.

Quand il y a lutte entre l'imagination et la volonté, c'est toujours l'imagination qui l'emporte sans aucune exception.

Lorsque la volonté et l'imagination sont en accord, elles font plus que s'ajouter, elles se multiplient.

L'imagination se maîtrise.

2.4 GESTION DES CONFLITS

2.4.1 Définition

Le conflit est difficile à définir parce qu'il revêt de nombreuses formes et survient dans des cadres différents. Il semble que le conflit soit, par essence, un désaccord, une contradiction ou une incompatibilité. Le terme « conflit » s'applique à toute situation dans laquelle se trouvent des individus ou des groupes dont les objectifs, les cognitions ou les émotions sont incompatibles et les conduisent à s'opposer.

Le Petit Larousse définit le conflit comme étant une « opposition de sentiments, d'opinions entre des personnes et des groupes ».

Mais en observant les conflits dans le monde professionnel, on peut définir le mot « conflit » comme une « situation de blocage entre au moins deux personnes qui ont un intérêt commun et sur laquelle elles ne sont pas d'accord ». On introduit donc en plus la notion du «blocage » qui est une notion primordiale dans les conflits au travail qui impliquent souvent les mécanismes normaux de prise de décision de sorte qu'un individu ou un groupe éprouvent des difficultés à opérer le choix d'une action et pénalise ainsi le reste de l'entreprise.

On dit que le conflit est qualifié à partir du moment où on sent une tension, qu'elle soit explicite ou latente. Toutefois, il existe en fait différents « niveaux » de conflit :

Le conflit latent ou larvé : c'est un conflit « étouffé » pour des raisons multiples (peur du regard des autres, peur du conflit déclaré, peur de ne pas être à la hauteur…) et qui se traduit de différentes façons (non-dits pesants, absentéisme, stress, retard dans les délais, non qualité…).

Le conflit refoulé : c'est un ancien conflit qui n'a pas trouvé de solution définitivement acceptable pour l'un et l'autre des deux antagonistes et qui risque donc à tout moment de devenir un conflit déclaré.

Le conflit déclaré : c'est le conflit en tant que tel, il est mis à jour par les protagonistes qui le souhaitent même parfois clairement par intérêt et s'illustre souvent par de l'agressivité.

2.4.2 LES SOURCES DE CONFLIT

Le conflit est un phénomène naturel car il fait inévitablement partie des relations humaines. Connaître les sources de conflit permet de mieux les gérer. Nous essaierons donc d'expliciter ici les sources les plus fréquentes de conflit.

2.4.2.1 LES SOURCES PSYCHOLOGIQUES

Notre système de pensée génère des structures mentales personnalisées. La façon dont nous décodons les symboles et les gestes d'autrui est différente pour chacun car elle dépend de notre personnalité, de notre histoire, de notre éducation, de nos origines. Cette différence entraîne souvent des conflits au sein des entreprises, bien qu'elle n'ait rien à voir avec les situations ou faits apparents.

Une autre source très importante de conflit est notre aspiration à la sécurité. Or le changement inspire le danger parce qu'il représente la perte de repères connus. En effet, les changements divers au sein des entreprises (organisationnels, financiers, géographiques, etc.), s'accompagnent très souvent de tensions, de stress, de sabotages, de bouleversements, d'épreuves de force et donc de conflits. On en veut pour preuve les situations difficiles vécues par le personnel salarié à l'annonce d'un plan de licenciement.

La négociation garde des contradictions. Elle aboutit à des compromis sur l'argumentaire mais rien de nouveau n'en ressort. Si elle n'aboutit pas, elle renforce les positions de chacun. Pour étayer notre propos, illustrons-le par le jeu des prisonniers :

Le dilemme du prisonnier, énoncé en 1950 par Albert W. Tucker à Princeton caractérise en théorie des jeux une situation dans laquelle deux joueurs auraient intérêt à coopérer, mais où de fortes incitations peuvent convaincre un joueur rationnel de trahir l'autre.

Tucker suppose deux prisonniers (complices d'un délit) retenus dans des cellules séparées et qui ne peuvent communiquer. L'autorité pénitentiaire offre à chacun des prisonniers les choix suivants :

Si un des deux prisonniers dénonce l'autre, il est remis en liberté alors que le second obtient la peine maximale (20 ans) ;

Si les deux se dénoncent entre eux, ils seront condamnés à une peine plus légère (10 ans) ;

Si les deux refusent de dénoncer, la peine sera minimale (1 an), faute d'éléments au dossier.

On résume souvent les résultats de chacun dans ce tableau :

		2ème Prisonnier	
		Se tait	Dénonce
1er Prisonnier	Se tait	(1an ; 1an)	(20 ans; 0 an)
	Dénonce	(0 an ; 20 ans)	(10 ans ; 10 ans)

Chacun des prisonniers réfléchit de son côté en considérant les deux cas possibles de réaction de son complice.

Ainsi, chacun a intérêt à dénoncer l'autre. C'est ce que l'on appelle « un équilibre » en stratégies dominantes. On se retrouve alors dans la situation où chacun des prisonniers est condamné à dix ans de prison, alors que si chacun s'était abstenu de dénoncer l'autre, ils n'auraient été condamnés qu'à un an de prison.

2.4.2.2 LES SOURCES LIÉES AU FONCTIONNEMENT ET À L'ORGANISATION DE L'ENTREPRISE

Bien que les facteurs psychologiques représentent une grande majorité des sources de conflits au sein des entreprises, d'autres facteurs liés au fonctionnement et à l'organisation de celles-ci se manifestent.

Les sources de conflit liées aux dysfonctionnements concernant l'organisation :

Mauvaise définition ou imprécision des tâches ;

Mauvaise répartition des tâches ;

Interdépendance des tâches (le travail d'une personne dépend de celui d'une autre) ;
Méthodes et procédures de travail lourdes, routinières, très hiérarchiques ;

Manque de communication.

Les sources de conflit liées aux dysfonctionnements concernant la structure de l'entreprise :

Espaces de travail réduits entraînant la promiscuité des collaborateurs ; Équipements non proportionnés à la tâche ;

Manque de formation ;

Indisponibilité des ressources financières, etc.

Les sources de conflit liées aux dysfonctionnements managériaux :

Décalage entre les aspects humains et les objectifs imposant la compétition et la productivité ;

Traitement inégaux entre les collaborateurs.

2.4.3 LES CONSÉQUENCES DU CONFLIT

En relation avec les causes, les différentes parties ne réagissent pas de la même manière. Bien sûr, on pourra constater une perte de confiance, la primauté de la communication écrite (note et mail), l'exacerbation du climat de suspicion, la formation de clans (les pros et les contre), le gaspillage de ressources (temps et argent), le stress et la démotivation, l'accroissement de l'absentéisme global voire le présentéisme passif, les altercations (verbales et physiques), etc.

2.4.4 LES COMPORTEMENTS LORS DU CONFLIT

Le fait que chaque partie reste sur sa position constitue un facteur de rigidité. Pour illustrer notre propos, reprenons la thèse de l'escalade irrationnelle en négociation. La définition que Bazerman et Neale donnent de l'escalade irrationnelle est la tendance des négociateurs à maintenir fermement leur ligne de conduite initiale au-delà de ce que leur dictent leurs intérêts personnels, une analyse rationnelle de la situation ou encore tout simplement la probabilité de réussite. L'escalade s'explique par le fait que les investissements antérieurs justifient à eux seuls la poursuite des revendications, voire l'ajout de nouvelles demandes. Ainsi, la partie souhaite récupérer le temps, l'énergie et les ressources déjà investis dans la négociation et ses choix stratégiques sont guidés par cette motivation.

En fait, personne ne se fait facilement à l'idée d'avoir perdu son temps pendant une démarche, d'avoir investi des ressources financières et des énergies de toutes sortes pour tout à coup abandonner la mise et ne toucher au bout du compte aucune compensation. Prenons l'analogie du singe et du fruit. Un singe voit un fruit au fond d'un vase et il y plonge la main pour le saisir. En refermant la main, son poignet ne passe plus dans l'ouverture du vase. Ne voulant pas laisser le fruit, le singe reste ainsi prisonnier du vase. Plus qu'une analogie, c'est une technique utilisée pour capturer les singes en Afrique.

2.4.5 LES DIFFÉRENTS TYPES DE CONFLIT

Ordonner les conflits n'est pas évident. Les auteurs qui traitent ce sujet ne sont pas d'accord (d'ailleurs, ceci constitue déjà une source de conflit) sur la façon d'aborder leur classification. Pourquoi ? Sans doute parce que la définition du conflit a des contours flous. Illustrons notre propos par la compétition sportive. Les antagonistes (par exemple : deux joueurs de tennis) sont en conflit dès le début du match parce que leur intérêt est le même : battre l'autre. Pourtant, ces deux joueurs ne se détestent pas : il n'y a pas de charge émotionnelle dans leur affrontement. Et c'est là que réside toute l'ambiguïté. Deux cadres, qui ambitionnent la même fonction dans l'entreprise ne se méprisent pas sur le plan humain mais vont décharger toute leur agressivité pour arriver à leur fin. Le conflit est une notion qui dépasse le cadre de la dimension passionnelle. Nous proposerons donc d'énumérer les sources de conflit sans tenir compte de leur aspect affectif.

2.4.5.1 LES CONFLITS D'IDÉES

Le désaccord porte sur des opinions ou des points de vue différents perçus comme opposés. C'est le plus fréquent des conflits et le plus facile à résoudre. Il résulte toujours d'une erreur d'interprétation. Prenons l'exemple d'une employée qui s'adresse à sa collègue et lui dit : « Tu es vraiment jolie aujourd'hui «. A priori, ce compliment ne contient aucune arrière-pensée : il s'agit de féliciter une collègue pour son bon goût. En face, la collègue peut très bien se sentir piquée au vif et interpréter cela comme « Pour une fois, tu es jolie ». Cette interprétation négative peut provenir d'un point sensible, d'un complexe ou d'une réaction d'autoprotection. L'employée n°1, croyant bien faire, n'a bien entendu pas pu prendre en compte tous ces paramètres. Pour peu que l'employée n°2 rétorque : « Cela veut dire que je ne suis pas jolie les autres jours ? », le conflit qui était à l'origine unilatérale peut rapidement devenir réciproque et détériorer les relations entre ces deux femmes.

Il est important de noter que le malentendu n'est pas nécessairement réciproque (contrairement aux autres types de conflits). Il arrive souvent qu'une personne se retrouve ainsi en conflit à l'insu de l'autre car l'interprétation ne correspond pas à la signification que celle-ci donnait à son action. Il arrive aussi très souvent que le conflit soit réciproque. C'est le cas lorsque les réactions de la première personne à l'attaque qu'elle croit avoir subi provoquent à leur tour des réponses défensives chez l'autre (qui croit alors subir une agression gratuite). Le malentendu trouve toujours sa source dans une incompréhension. La personne interprète l'action de son interlocuteur à travers ses propres craintes. Autrement dit, elle attribue à l'autre des reproches qu'elle se fait déjà, qu'elle croit mériter ou qu'elle craint de subir même si elle ne les croit pas justifiés. Son interprétation est l'expression de sa vulnérabilité. Dans le malentendu, c'est le fait de ne pas connaître le point de vue de l'autre qui nous permet d'attribuer des significations erronées à son comportement. En l'absence d'information claire, nous inventons les détails qui nous manquent : nous imaginons le pire, précisément ce que nous craignons le plus ou ce que nous nous reprochons déjà.

2.4.5.2 LES CONFLITS DE GÉNÉRATIONS

Ce type de conflits est très souvent observable dans les entreprises et son nombre ne cesse de croître avec l'augmentation de la mobilité professionnelle et les avancées technologiques.

Pour bien comprendre ce type de conflits, définissons ce qu'est une « génération ». Une génération est un groupe particulier dont les membres partagent une proximité en âge et ont traversée, à des étapes déterminantes de leur développement, des événements de vie semblables. Caractériser les générations revient donc à identifier ces expériences particulières ainsi que les événements et cadres sociaux auxquels ils se réfèrent. La définition des générations au travail renvoie de ce fait à certains événements-clés qui prennent place dans l'histoire du capitalisme et des transformations des cadres sociaux du travail. Pour illustrer notre propos, citons-les. Nous n'aurons pas de difficultés à les identifier dans notre entourage :

Les « vétérans » sont nés avant la fin de la seconde guerre mondiale. Les « baby-boomers » sont nés dans l'après-guerre.

Les membres de la « génération X » sont nés entre le milieu des années 1960 et la fin des années 1970. Ce groupe constitue la part principale de la population active.

Les membres de la « génération Y » sont nés entre la toute fin des années 1970 et le milieu des années 1990. Il s'agit de la première génération née « avec un ordinateur dans les bras ».

De par leurs différentes attitudes et attentes dans le domaine professionnel, on comprend bien que des conflits peuvent naître entre ces générations qui ont parfois bien du mal à se comprendre. C'est ainsi que des « vétérans » au cours du repas familial ne supporteront pas que des membres de la génération Y consultent leurs Smartphones Quant à la génération Z, c'est celle des enfants connectés, qui manient avec une extrême dextérité les tablettes et les smartphones. Les prochaines générations ? : Elles ne sauront pas ce qu'est un journal papier, une pièce de monnaie ou un billet de banque, n'apprendront plus à conduire une voiture, et ignoreront les grandes surfaces (mais cela, c'est de la science-fiction).

2.4.5.3 LES CONFLITS D'INTÉRÊTS

La notion de conflit d'intérêts peut être définie plus moins largement selon les acteurs visés. La première définition, ci-dessous, ne vise que le conflit d'intérêts dans la fonction publique ; la seconde est beaucoup plus large, embrassant tous types d'acteurs.

« Un conflit d'intérêts naît d'une situation dans laquelle un agent public a un intérêt personnel de nature à influer ou paraître influer sur l'exercice impartial et objectif de ses fonctions officielles. L'intérêt personnel de l'agent public englobe tout avantage pour lui-même ou elle-même ou en faveur de sa famille, de parents, d'amis ou de personnes proches, ou de personnes ou organisations avec lesquelles il ou elle a eu des relations d'affaires ou politiques. Il englobe également toute obligation financière ou civile à laquelle l'agent public est assujetti ».

Conseil de l'Europe, Recommandation n° R (2000) 10 du Comité des ministres sur les codes de conduite pour les agents publics, 11 mai 2000.

« Un conflit d'intérêts naît d'une situation dans laquelle une personne employée par un organisme public ou privé possède, à titre privé, des intérêts qui pourraient influer ou paraître influer sur la manière dont elle s'acquitte de ses fonctions et des responsabilités qui lui ont été confiées par cet organisme ».

Service central de prévention de la corruption, Rapport 2004

Dans son rapport annuel 2004, le SCPC (Service central de prévention de la corruption) a identifié différents types de conflits d'intérêts :

« Le conflit potentiel » : Il n'existe pas encore de conflit à proprement dit, dans la mesure où il n'existe pas à ce moment de lien direct entre les intérêts de la personne et sa fonction.

Néanmoins, un changement dans sa situation (prise de fonctions, promotion, mutation) pourrait créer ce conflit.

« Le conflit apparent » : les faits en cause ne sont pas certains : aucun intérêt particulier suspect n'a pu être prouvé, il n'est que « possible ». Une analyse de la situation devra être menée pour écarter tout doute sur la probité de la personne suspectée.

« Le conflit réel » : lorsqu'il est avéré qu'un intérêt personnel peut venir influencer le comportement de la personne exerçant ses fonctions professionnelles.

2.4.5.4 LES CONFLITS HIÉRARCHIQUES

Ce type de conflit est presque toujours présent en entreprise. Il passe par une pression constante des « petits chefs » : des abus de pouvoir, une dévalorisation systématique, un dénigrement, des brimades, des tentatives manipulatoires, un harcèlement et des persécutions publiques par exemple. Ces attitudes conflictuelles provoquent une perte de temps et d'énergie ainsi qu'une dégradation du climat social qui conduit à la démobilisation des personnes, et à des souffrances psychiques parfois graves.

Le système hiérarchique, pyramidal et descendant est fréquemment à l'origine de ces maux. La régulation du conflit passe par une prise en compte réaliste du contexte, des rapports de force, des enjeux d'influence, de la stratégie de l'organisation, de l'expertise des individus, des systèmes de règles. Elle est, en général, complexe et révélatrice de la santé relationnelle de l'entreprise. Une issue peut parfois être trouvée par l'action collective ou par l'intervention d'un tiers, neutre et impartial, qui jouera le rôle de médiateur.

2.4.5.5 LES CONFLITS DE VALEURS

Une valeur est une norme de conduite personnelle ou sociale relevant de la morale ou de l'éthique, de la politique, de la spiritualité ou encore de l'esthétique.

Quelles que soient nos valeurs, elles influencent tous les aspects de notre vie personnelle et professionnelle, nos prises de décision, nos projets, nos comportements et parfois se confrontent ou s'associent aux valeurs des autres.

Les conflits de valeurs portent donc sur les choix de vies, les idéologies, etc., qui sont propres à chaque personne. Ce type de conflit est défini comme des « divergences d'opinions amenées par des croyances ou des goûts opposés, des types de personnalité ou des origines sociales différentes ». Ils peuvent perturber la communication et créer des malentendus entre les membres de l'équipe, voire provoquer chez certains le sentiment d'être isolé et de ne pas participer à la cible et aux tâches communes.

2.4.6 LES ÉTAPES DU CONFLIT

2.4.6.1 LES DIVERGENCES

Les divergences sont les points de vue des protagonistes qui précisément vont déclencher le conflit. On distingue différents types de divergences :

Divergences sur les faits

Les personnes concernées n'ont pas les mêmes informations, ou la même perception compte tenu de leur fonction ou de leur position, ne reconnaissent pas la valeur des informations ou ne font pas la différence entre un fait, une opinion et une émotion.

Divergences de position

Il s'agit ici de personnes qui ont une idée préconçue sur la solution du problème et campent sur leur position en général pour défendre un intérêt dissimulé.

Divergences sur les objectifs et les méthodes

Pour mettre en place une action d'amélioration, on a le choix entre plusieurs solutions. Quand bien même on se met d'accord avec ses collaborateurs sur la solution à mettre en œuvre, on doit également envisager la méthode pour y parvenir.

Divergences de valeurs

La justice, la religion, la politique, les idéologies peuvent altérer notre perception sur la valeur des personnes, des choses ou des évènements. Ces divergences ont un impact sur les objectifs et les méthodes.

2.4.6.2 LES TENSIONS

Les divergences non résolues laissent en nous un sentiment désagréable tel que la colère ou la frustration : on n'a pas été entendu. En cas de découragement, c'est que l'on n'a pas réussi à exprimer nos idées, nos émotions et l'on ressent une lassitude. Ces tensions sont là, présentes, envahissantes, restent en nous et l'escalade se poursuit.

« Nous gagnerions plus de nous laisser voir tels que nous sommes, que d'essayer de paraître ce que nous ne sommes pas. »

La Rochefoucauld

2.4.6.3 LES BLOCAGES

Un blocage est une situation dans laquelle un individu ou un groupe éprouvent des difficultés à opérer le choix de son action.

La communication est rompue. Les non-dits sont fréquents, et les sentiments négatifs s'entassent ce qui dénature les échanges. De manière inconsciente, les protagonistes mettent en place une stratégie qui va leur permettre de vivre le moins mal possible cette situation. On privilégie, la passivité et/ou l'évitement ; parfois on choisit délibérément l'agressivité. Cette dernière entraîne des exigences, des mécontentements à propos de tout, et de rien. Enfin d'autres acteurs préfèrent la manipulation.

Il s'agit d'une étape difficile. Le conflit est latent et l'ambiance de travail s'en ressent. Dès lors, un conflit engendre un problème de décision, et ces décisions engagent des individus partici- pant aux mêmes systèmes d'action.

2.4.6.4 LE CONFLIT OUVERT

Le conflit ouvert survient après l'étape de blocage, le malaise provenant de cette dernière situation perdure jusqu'au moment où il se passe un évènement qui va faire exploser le conflit. (L'étincelle qui met le feu aux poudres). Cet événement peut aussi bien être un acte physique, un désaccord ou un échange verbal (insultes mutuelles).

2.4.6.5 L'ESCALADE ET LA DÉSESCALADE

Le temps qui s'écoule entre les divergences et le conflit ouvert est très variable. Certains conflits dépassent les générations. On ne sait plus pourquoi on se fait la guerre mais cela peut durer des siècles. Dans certains cas les protagonistes sont conscients des étapes successives et cherchent des moyens pour apaiser le conflit. Dans d'autres, la surprise est totale.

2.4.6.6 LA MÉCONNAISSANCE

Elle se définit comme l'omission inconsciente d'une information utile à la résolution d'un problème.

Il peut y avoir méconnaissance du problème. Par exemple, on peut être très sensible à la forme d'un discours et ne pas entendre le fond développé. Les vendeurs le savent bien et on leur demande de sourire lorsqu'ils annoncent un prix à leur client.

Il peut y avoir méconnaissance de l'importance du problème. Il nous arrive de ne plus entendre les plaintes d'un ami, d'un parent, d'une relation (« Il dit toujours la même chose ! »). Sans le savoir, on développe des sentiments, une attitude antagoniste.

Il peut y avoir méconnaissance de la possibilité de résoudre le problème. Dans l'entreprise ou dans le milieu familial on se plait parfois à dire « De toutes manières, cela ne marchera pas ! » Sans doute par tranquillité ou peur du changement, ou encore parce que vous avez décidé que vous ne trouverez pas de solutions.

2.4.7 LES FORMES DE CONFLIT

2.4.7.1 LA FUITE

C'est une attitude confortable pour éviter les ennuis. Dans ce cadre, on peut jouer les victimes, se mentir à soi-même en se faisant croire que la situation n'est pas si difficile que ça, ou tout simplement tenter d'ignorer le problème. A long terme, la fuite perpétuelle est néfaste, car la personne qui agit ainsi fait passer ses opinions et ses aspirations au second plan.

2.4.7.2 L'AGRESSIVITÉ

L'attaque est un autre type d'attitude qui est souvent adoptée par les individus en cas de conflit. Ils haussent le ton et en viennent aux insultes ou aux mains, parfois même pour des détails, quand ils se sont retenus pendant trop longtemps et qu'ils finissent par « exploser ». C'est une attitude peu recommandable car elle culpabilise et isole ceux qui y ont recours.

2.4.7.3 LA MANIPULATION

C'est le comportement d'une personne qui croit qu'il est plus facile d'agir de façon détournée, et qu'il est pratique d'utiliser les autres sans qu'ils s'en aperçoivent. Dès notre enfance, nous avons subi des « chantages » : « Si tu n'es pas sage, tu n'auras pas de bonbons».

2.4.7.4 L'ASSERTIVITÉ

L'assertivité est un concept désignant la capacité à s'exprimer et à défendre ses droits sans empiéter sur ceux des autres. Nous sommes dans un comportement assertif lorsque nous nous sentons « à l'aise », dans un sentiment de confiance en soi juste, à la bonne mesure, à l'aise face à l'interlocuteur. Nous ne dissimulons pas nos sentiments, nous ne cherchons pas à dominer ou à manipuler. Nous sommes « authentiques ». Nous acceptons nos émotions et nous reconnaissons l'émotion des autres. Nous sommes prêts à énoncer nos idées et nous entretenons avec l'autre une relation de confiance. Nous sommes capables de négocier, de rechercher avec l'autre la solution la meilleure pour l'un et l'autre. Souvenons-nous de la phrase de Voltaire : «Je hais vos idées mais je me battrais jusqu'au bout pour que vous puissiez les exprimer ».

2.4.8 OBSERVATION ET DESCRIPTION DU CONFLIT

Un conflit se caractérise toujours par des aspects visibles et invisibles : il est ainsi comparé à un iceberg dont la partie visible est insignifiante par rapport à la partie invisible. Il est donc indispensable de bien analyser le conflit pour en déterminer les aspects visibles et invisibles car un conflit bien analysé est à moitié résolu.

Les aspects visibles du conflit sont : les acteurs du conflit, les objets du conflit. Les aspects invisibles du conflit sont: les valeurs, les intérêts, les besoins des acteurs, les problèmes intrapersonnel, l'histoire, les conditions structurelles, les points de vue, les problèmes de compréhension et de communication.

Une bonne analyse de conflit doit intégrer les questions ci-après :

Pourquoi ? Sur quoi ? Où ? Qui? Quand ? Comment? Quels effets? Pourquoi analyse-t-on les conflits ?

Nous analysons les conflits pour :

Mieux les comprendre ;

Mieux appréhender les rôles des acteurs ;

Choisir les meilleures solutions ;

Prendre les dispositions pour que cela ne se reproduise plus.

Afin de bien analyser les conflits, nous avons besoins de moyens, d'outils appropriés en fonction du type de conflit et de sa gravité. Chacun des outils peut jouer le rôle de l'autre mais pas de manière assez efficace.

L'analyse des conflits aussi a besoin d'outils appropriés. Celle que nous utilisons très souvent est la narration des faits. L'historique permet de faire non seulement une analyse spatiale et temporelle d'un conflit mais aussi d'en déterminer les acteurs, leurs rôles respectifs et l'incidence sur l'évolution de la situation.

2.4.8.1 DÉCLARATION DU CONFLIT, DÉCISION DE LE TRAITER

Comment les démineurs opèrent-ils ? Quand ils cherchent à désamorcer une bombe ou tout autre dispositif explosif, leur premier travail consiste à le rendre bien visible : pour en comprendre le mécanisme, pour en identifier les contours, pour pouvoir agir efficacement dessus. Une démarche inverse à ce que nous avons spontanément tendance à faire quand nous sentons poindre un conflit potentiel. Fuite ou évitement sont en effet les pires réponses possibles. La détection passe par l'écoute et l'observation. L'histoire nous montre que les nations ne sont pas plus efficaces en la matière, et que les guerres sont toujours précédées de signes annonciateurs, qui deviennent évidents après coup. Mais les erreurs des autres ne peuvent constituer une raison suffisante pour ne pas chercher à progresser. La détection est possible, pour peu que l'on apprenne à écouter au-delà des mots. Repérer les distorsions dans une conversation, être attentif aux changements d'attitudes, entendre les enjeux sous-jacents à une prise de position, cela peut être sous le sens.

2.4.8.2 COMPRÉHENSION DES RAISONS DU CONFLIT

Est-ce que le conflit repose sur des systèmes de valeurs différents ? Dans ce cas, le conflit ne se réglera pas facilement, sauf à imposer « artificiellement » ses propres valeurs. Le mieux encore est d'accepter que les valeurs du protagoniste soient différentes. Le compromis est en ce cas difficile à trouver car il s'agit plus d'une opposition de principes que d'une opposition d'intérêts réels et tangibles. Mais il est toujours possible de se centrer sur les points d'accord et sur ce qui est négociable.

Est-ce que le conflit repose sur des différences d'opinions ? On gagnera alors à s'autoriser à exprimer ses opinions tout en écoutant le point de vue de l'autre.

Est-ce que le conflit repose sur des différences de ressenti ? Les ressentis étant par définition strictement personnels, le conflit est alors un faux conflit, qu'il est impossible de régler.

2.4.8.3 INVENTAIRE DES SOLUTIONS POSSIBLES

Le choix de la stratégie est fonction :

Des enjeux de la situation ;

Des conséquences possibles à court, moyen ou long terme. Il existe parfois des enjeux non négociables ou dont les conséquences peuvent être catastrophiques : l'évitement est alors une excellente stratégie ;

De la personnalité et de la crédibilité des individus impliqués ;

De la culture dominante (nationale, régionale, organisationnelle, etc).

2.4.8.4 ÉVALUATION DES SOLUTIONS, CHOIX DE LA SOLUTION

Un conflit peut se gérer dans son entièreté, ou si c'est possible en tranche dans la mesure où on peut le découper en mini-conflits. Par exemple, deux secrétaires sont en conflit pour un oui ou pour un non. En approfondissant, on s'aperçoit entre autres que l'une d'elles, la plus ancienne, s'est vue retirer une tâche qu'elle appréciait, au profit de sa collègue. Gérer ce premier différend sera de nature à atténuer le climat régnant.

2.4.8.5 DÉTERMINATION DES MOYENS D'ACTION

Quel processus l'une et l'autre partie choisiront pour résoudre le conflit ? Les problèmes doivent-ils être discutés dans un ordre précis ? Quel est le programme ? Il y a-t-il une date butoir ? Quelles sont les règles de négociation ? Qui convoque et préside les réunions ? Est-ce qu'un accord final sera signé ?

On devra décider du type de processus de négociation formel (avec un médiateur) ou informel, par réunion publique, par évitement, par discussion (à l'aide d'un facilitateur), etc.

2.4.8.6 DÉTERMINATION DES MOYENS D'ÉVALUATION

Evaluer, c'est donner de la valeur, de l'importance à quelque chose. A ce titre, évaluer c'est hiérarchiser. Mais c'est aussi comparer : l'évaluation est alors la comparaison entre une situa- tion vécue et une situation souhaitée. Evaluer sert à identifier, comprendre la cause de l'écart pour y remédier.

Il existe une infinité de critères d'évaluation et de choix. Les plus couramment utilisés en entreprise sont :

Les critères qualité de service : Quel impact sur celui-ci engendré par le conflit ? ;

La loi de PARETO ou loi des 20/80. Quels sont les points importants à gérer en priorité ? ; Les critères financiers : le prix, le temps, le transport, la productivité, l'efficience, la rentabilité.

Là encore, les critères peuvent être objectifs (mesurables, évaluables ou observables) ou subjectifs : j'aime ou je n'aime pas.

Pour illustrer ces critères, on peut établir un graphique sur lequel figure en abscisse le caractère relationnel et en ordonnée le caractère objectif. On pourra déterminer ainsi selon le ou les points établis le positionnement de chacun: qu'est-ce qui prime ? L'équipe ? L'organisation ? Est-ce l'objectif ou la relation en jeu ? Lorsque la relation prime, on utilise les stratégies qui se trouvent du côté droit de la grille (collaboration ou accommodement). S'il est crucial de maintenir avant tout l'objectif, on utilise les deux stratégies qui se trouvent au haut de la grille (compétition ou collaboration). Lorsque l'objectif et la relation sont également importants, un compromis serait probablement la solution la plus efficace. Lorsque l'objectif et la relation importent peu, il se peut qu'il convienne plutôt d'éviter le conflit.

Lorsqu'on veut cerner la meilleure stratégie à utiliser pour résoudre un conflit, il faut aussi considérer l'impact des efforts et l'énergie qui seront nécessaires.

Par exemple, dans beaucoup d'organisations, l'établissement d'un consensus est une façon appréciée de travailler et prendre des décisions ensemble. Pour des raisons évidentes, lorsqu'une situation se règle à la faveur d'un consensus ou d'une collaboration, toutes les parties impliquées y trouvent une plus grande satisfaction. Cela étant dit, ce n'est pas toujours la meilleure approche.

2.4.9 LES ATTITUDES À ADOPTER LORS DU CONFLIT

2.4.9.1 ETABLIR UNE RELATION

Que se passe-t-il lorsque deux personnes communiquent aisément ? Il est possible d'observer un mimétisme dans la posture, la gestuelle, les mimiques. Au cours de leurs échanges, les attitudes de chacun semblent en harmonie. Bien sûr, ces comportements sont inconscients. La personne n'a pas conscience de ce mouvement des épaules vers l'autre ou de ce croisement des jambes pendant que son interlocuteur adopte, tout à fait inconsciemment, la même position.

Lorsque la relation se passe bien, il y a mimétisme corporel. C'est ce que nous appelons la « synchronisation ». Toujours inconsciemment, lorsque nous voulons entrer en contact avec l'autre, nous modifions notre comportement.

La synchronisation porte sur le non-verbal (posture, gestuelle, présentation), le verbal, et enfin sur l'état d'esprit.

2.4.9.2 ADAPTER SON LANGAGE

Nous ne reviendrons pas sur les techniques de communication qui favorisent le dialogue. Rap- pelons juste certains principes très simples à respecter :

Utiliser la voix efficacement, c'est adopter le ton juste : un ton bas pour la confidence l'explication et l'intimité, un ton ferme pour expliciter les principes de son argumentaire.

Interpréter le langage non verbal et savoir comment y réagir. Silences, gestes, postures, expressions faciales, rythme de l'élocution, vêtements... complètent le message auditif.

Ecouter attentivement : pour sortir d'une divergence, il faut se tourner vers l'autre avec le souhait de comprendre, sans interférer avec sa propre histoire. Cela consiste à synchroniser, reformuler, questionner de manière pertinente.

Faire comprendre son point de vue en les exprimant par écrit. Rappelons-nous que les écrits ont plus de force que les grands discours. Souvenons-nous du texte d'Emile Zola : « J'accuse».

Parfois, on doit aussi « se mettre dans la peau de l'autre ». En tentant de voir les choses avec les yeux de l'autre partie, on prend conscience des points qu'il juge importants et des raisons sous-jacentes.

2.4.9.3 COMPRENDRE LA SITUATION

Il arrive souvent de percevoir l'opinion de l'autre comme inintéressante et lui couper la parole, persuadé que notre idée est meilleure. Si nous voulons être compris, nous devons d'abord écouter l'autre et indiquer notre compréhension. Même si le fait de comprendre ne veut pas dire accepter, c'est un signe d'ouverture.

Il faut également prendre du recul afin d'éliminer le caractère émotionnel des tensions. Cependant, il ne faut pas chercher à convaincre mais trouver un cadre commun. Malgré des points de vue différents, des buts communs doivent exister. Il sera utile de les découvrir pour mettre en confiance son interlocuteur.

2.4.10 LE DÉPASSEMENT DES CONFLITS

Les modalités de dépassement des conflits.

Il existe différentes méthodes de résolution de conflits. Le choix doit être effectué en fonction de l'importance du conflit et de la volonté de résolution des acteurs.

2.4.10.1 LE RECOURS HIÉRARCHIQUE

Il permet de résoudre un problème rapidement et sans discussion. Il fait appel à un supérieur hiérarchique qui va trancher de manière autoritaire (avec ou sans parti pris) et de manière définitive. Ce type de résolution de conflit est nécessaire dans des situations d'urgence mais pose le problème de la durée de son effet. En effet, la plupart du temps ces recours hiérarchiques imposent une solution sans résoudre le problème de l'animosité entre les individus. On débouche ainsi souvent sur un conflit latent.

2.4.10.2 L'ARBITRAGE

Par rapport au recours hiérarchique, l'arbitrage implique les parties en leur demandant de choisir chacune un arbitre qui, généralement, désignera lui-même un troisième arbitre. Dans ce cas, les parties se trouvent impliquées dans la résolution du problème et le conflit peut trouver une fin apaisée sans rebondissement. Néanmoins, cette solution nécessite que le conflit ne soit pas trop avancé car les parties doivent donner leur consentement ce qui est en soi un premier pas vers la « réconciliation ».

2.4.10.3 LA MÉDIATION

Par rapport à l'arbitrage, l'intervenant extérieur désigné par les deux parties est unique ce qui nécessite une véritable volonté de négociation dès le départ. Dans ce cas, le médiateur n'est qu'un « relais » qui facilite la discussion, guide la conversation ou la provoque.

2.4.10.4 LA NÉGOCIATION

La négociation est la prise en charge du conflit ; c'est une solution pour concilier les points de vue opposés. Les différents types de négociation

La négociation peut être conflictuelle (gagnant / perdant). C'est le cas lorsque des préjugés concernant l'un ou l'autre des individus existent ou lorsque les intérêts semblent totalement opposés.

La négociation peut être coopérative (gagnant / gagnant). C'est le cas lorsqu'on assiste à un consensus (adhésion commune à une solution satisfaisant les deux personnes), une concession (renoncement à une partie de ses prétentions par l'une des personnes) ou un compromis (concession réciproque des personnes).

Les différentes techniques de négociation

La technique des pivots

Elle consiste à obliger l'adversaire à négocier sur des objectifs en fait secondaires mais formulés de manière exigeante. On cède alors sur objectifs secondaires et en contrepartie on exige des concessions sur l'objectif principal.

Les techniques de maniement du temps

Elles consistent à jouer en allongeant la durée de la négociation pour user l'adversaire puis brutalement d'exiger des délais et de fixer des ultimatums. C'est une sorte de « guerre des nerfs » où les contraintes de temps se superposent pour déstabiliser l'adversaire.

La technique « point par point »

Elle consiste à découper la négociation point par point, thème par thème, et à chercher des séries de compromis. Cette technique permet de ne pas effrayer l'adversaire et de « grignoter » petit à petit ses positions.

La technique des jalons

Consiste à faire admettre des points apparemment sans rapport avec le thème principal de la négociation pour finalement raccorder tous ces « petits jalons » et mettre l'adversaire devant le fait accompli. C'est une technique qui s'inspire du jeu de go et qui est d'orientation intégrative : le désaccord n'est jamais ouvert.

La technique des bilans

Consiste à faire établir par l'adversaire la liste des prétentions qu'il souhaite obtenir en les traduisant immédiatement en termes d'avantages pour lui et d'inconvénients pour soi. Puis, dans un deuxième temps, on présente des solutions pour rééquilibrer ce bilan tout en respectant les intérêts des deux interlocuteurs. Bien entendu, les solutions présentées alors sont les véritables objectifs que l'on poursuivait.

La technique des quatre marches

Il s'agit d'un jeu de repli dans lequel il évoque les solutions de manière progressive. Il s'agit de présenter d'emblée quatre solutions et non pas deux comme c'est souvent fait de manière caricaturale. La première solution est au-delà de son propre seuil de rupture, elle est beaucoup trop avantageuse pour l'autre et dramatique pour soi. C'est en fait une solution de pure forme. La seconde solution est peu avantageuse mais acceptable pour soi et excellente pour l'autre. La troisième est l'inverse de la seconde, la quatrième est l'inverse de la première : idéale pour soi et inacceptable pour l'autre. La technique consiste à présenter la première solution de manière à l'éliminer pour son côté injuste, dangereux... puis à détruire la solution suivante à l'aide d'arguments techniques solides et en profitant de la déstabilisation créée par la première présentation. Enfin, il ne reste que les deux dernières solutions, la troisième apparaissant finalement comme le compromis.

2.4.10.5 LA PRÉVENTION

Prévenir les conflits consiste à former les personnes à des approches de sensibilisation aux différents modes de fonctionnement humain. Les méthodes sont très variées. Ces approches ont pour but principal de doter les participants d'une culture commune. Ainsi en va-t-il de formations à l'esprit d'entreprise dans les organisations, de développement personnel, etc.

Les approches les plus répandues en matière de résolution des conflits ont pour objectif de doter chacun de savoir-faire comportementaux, de contrôle de soi et de compréhension des autres.

Le manager doit être attentif à tout changement d'attitude ou de comportement d'un collaborateur, il doit toujours pratiquer une écoute active et favoriser les discussions de groupe lors des pauses par exemple, afin de donner l'occasion aux collaborateurs d'extérioriser les éventuelles incompréhensions et tensions. Ces dernières, si elles ne sont pas évacuées rapidement, peuvent s'accumuler et constituer des conflits larvés qui se manifesteront tôt ou tard de manière violente.

Parmi les solutions pratiques qui contribuent à apaiser le climat social au sein d'une entreprise, on peut citer la boite à suggestions, très simple à mettre en place, où tous les employés peuvent faire leurs remarques, critiques et suggestions, dont devra tenir compte le manager.

Il faudra définir clairement les règles à l'avance : par exemple, dans la direction par objectif, on considère souvent que l'objectif doit être « SMART » comme nous l'avons précisé ci-dessus.

Rappelons-en les termes :

Spécifiques

Mesurables

Accessibles

Réalisables

Temporels

En définissant ces règles, on évite les incertitudes, les questionnements et donc les doutes qui peuvent être à la base des tensions qui vont se transformer en conflits.

2.4.11 CONCLUSION

Dans un sous-marin ou un vaisseau spatial, on peut penser que les conflits sont fréquents à cause de la promiscuité de l'équipage, dans un espace réduit pour une longue durée. Cependant les conflits y sont rares. En effet, tout est organisé pour prévenir le moindre conflit au sein de l'équipage. Cela commence dès la sélection des membres de l'équipage : ceux-ci subissent des tests psychologiques pour vérifier s'ils sont aptes à vivre en communauté. Dans ces structures, tout est organisé pour éviter les tensions au sein du groupe : d'abord parce que les responsabilités de chacun sont clairement partagées, chacun est à sa place et chaque place est reconnue pour son importance.

Pour éviter les conflits, la vie à bord est codifiée, volontairement dense : en plus des huit heures de travail par jour, deux heures sont réservées au repas, ce qui permet d'établir un échange entre les membres de l'équipage. D'autres tâches comme l'entretien du matériel, mais aussi des distractions avec des vidéos ou du sport en salle permettent de bien remplir les journées : ainsi ils n'ont pas le temps de « trop penser ». Le sommeil est également important pour diminuer les tensions au sein du groupe.

Une personne est chargée des ressources humaines, communique, encourage et réprimande quand cela est nécessaire et veille au bien- être individuel et collectif. Lorsqu'un conflit éclate au sein d'un groupe, la hiérarchie intervient le moins possible : elle laisse l'équipe se charger elle-même de gérer le conflit et de séparer ceux qui éventuellement se battent.

Nous avons délibérément pris cet exemple pour montrer que dans des conditions certainement plus difficiles que celles nous rencontrons dans les entreprises, il est possible de gérer des tensions à la condition d'avoir préparé le personnel à vivre ensemble. La hiérarchie est importante mais l'auto-responsabilisation des membres règle la plupart des conflits. Lorsque la motivation n'est pas la même chez tous les membres d'une équipe ou d'un groupe, il faut créer des mécanismes pour s'assurer que chacun soit encouragé à faire sa part en utilisant son potentiel. Il faut pour cela structurer la responsabilisation dans les activités de façon que les tâches soient évidentes et claires.

2.5 CONVERSONS POSITIVEMENT !

Les démarches à éviter :

Attitude d'excuse sauf si l'on a une raison. Ce qui est critiquable n'est pas de s'excuser, reflet de la politesse, c'est la démarche perpétuelle d'excuse. « Si vous le permettez, Monsieur le Président ».

Également exagérer les relations humaines.

Faire des entrées sensationnelles ou incongrues, les aprioris, les longs exposés, les hors sujet, les jérémiades, la familiarité ou la vulgarité.

Les formules et les mots clés :

Pour accroître votre efficacité, voici quelques principes à respecter.

Faites des phrases courtes et claires : Sujet + Verbe + Complément ; Evitez les formules lourdes ;

Utilisez des formules positives !

Evitez les expressions négatives qui appellent les réactions négatives :

Ça ne vous dérange pas ?

Vous semblez ignorer que …

Vous ne souhaitez pas … ?

Vous ne voulez pas … ?

Soyez positif !

Les expressions radicales qui contrent l'interlocuteur :

Pas du tout ;

Pas d'accord ;

Vous faites erreur ;

Ce n'est pas cela ;

Vous n'y êtes pas.

Soyez diplomate !

Les mots noirs qui éveillent chez l'interlocuteur une image sombre : Ennui, danger, problème, réclamation, retard, litige.

Suscitez la confiance !

Eviter :

Les expressions dubitatives qui font naître le doute dans l'esprit de l'interlocuteur et atténuent la force des arguments.

Je pense ;

Il me semble ;

Quand même ;

Assez ;

Un peu, éventuellement ;

Exprimez la certitude !

L'emploi du conditionnel, trop hésitant :

Vous devriez prendre...

Si vous preniez...

Si vous receviez...

Nous pourrions étudier ensemble... Ce serait intéressant pour vous...

Parlez au présent ! (temps de l'action)

Les faux appels à la confiance, très maladroits :

Soit dit entre nous...

Franchement, sincèrement...

A dire vrai...

Faites-moi confiance...

Exprimez-vous par des faits probants !

Eviter :

Les phrases bouche-trou, témoins de votre manque d'assurance :

Comment dirais-je ...

En d'autres termes ...

Si je peux me permettre ...

Soyez direct(e) !

Les expressions « plat-ventre », qui vous abaissent inutilement :

Je m'excuse de vous faire perdre du temps...

Je suis vraiment désolé(e) de vous demander cela...

Valorisez vos idées

Les expressions trop impersonnelles, qui donnent à votre interlocuteur l'impression que personne ou tout le monde est responsable :

On fera le maximum ...

On fera l'impossible ...

On est là pour ça ...

Et la « salade-interne » qui donne à votre interlocuteur le sentiment que vous reportez la responsabilité sur d'autres personnes :

Ce n'est pas moi qui ai pris votre appel la dernière fois ;

Ils ont dû se tromper.

Impliquez-vous !

Utilisez les tournures positives

NE DITES PAS ...	DITES PLUTOT ...
Ça ne vous dérange pas trop ?	Je compte sur vous
Nous sommes vendredi, je ne pourrai pas faire intervenir quelqu'un avant lundi prochain	nous serons en mesure de traiter votre réclamation dès lundi
Nos bureaux sont fermés avant 8h30 et après 17h30	Nos bureaux sont ouverts de 8h30 à 17h30
Pas de problème!	Tout à fait / bien-sur
C'est un problème qu'on rencontre souvent en ce moment, on n'arrête pas d'avoir des appels pour ça....	Nous mettons tout en œuvre pour vous apporter une solution dans les meilleurs délais

Si vous devez mettre votre interlocuteur en attente, redoublez de courtoisie !

NE DITES PAS ...	DITES PLUTOT ...
Ne quittez pas	Voulez-vous patienter un instant ?
Un instant s'il vous plaît	Merci!

Vous avez peut-être rêvé en feuilletant les catalogues de voyages. Les photos représentent des hôtels luxueux, avec un ciel bleu, une piscine

aguichante, des palmiers… On ne vous parlera jamais de l'avion charter qui risque de partir après 10 heures de retard, du bus bringuebalant

qui vous emmène de l'aéroport à l'hôtel de la piscine vidée parce qu'en maintenance et des éventuelles maladies que vous pourrez

attraper… Faites de même. Faites rêver votre interlocuteur. Dites-lui ce qu'il a envie d'entendre ou de voir !

La communication avec autrui peut s'améliorer avec nos ressources, nos énergies, notre langage, notre attitude, notre imagination. Tout ne

peut pas se faire en un jour. On trouvera dans la séquence précédente un mode d'emploi pour « mieux communiquer ».

Éviter les petites erreurs, c'est déjà un grand pas vers une meilleure relation avec autrui.